辜鸿铭讲论语

仁·义·礼

《论语》精解

辜鸿铭 著

木沐 编译

天津出版传媒集团

百花文艺出版社

图书在版编目（CIP）数据

辜鸿铭讲论语 / 辜鸿铭著；木沐编译 . -- 天津：
百花文艺出版社，2024.2
ISBN 978-7-5306-8724-6

Ⅰ.①辜… Ⅱ.①辜…②木… Ⅲ.①《论语》–研
究 Ⅳ.① B222.25

中国国家版本馆 CIP 数据核字（2024）第 006217 号

辜鸿铭讲论语
GUHONGMING JIANG LUNYU
辜鸿铭　著；木沐　编译

出　版　人：薛印胜
选题策划：唐冠群　**责任编辑**：李　信
特约编辑：连　慧　李　根
装帧设计：天下书装
出版发行：百花文艺出版社
地址：天津市和平区西康路 35 号　**邮编**：300051
电话传真：+86-22-23332651（发行部）
　　　　　　+86-22-23332656（总编室）
　　　　　　+86-22-23332478（邮购部）
网址：http://www.baihuawenyi.com
印刷：晟德（天津）印刷有限公司
开本：880 毫米 ×1230 毫米　1/32
字数：220 千字
印张：9.5
版次：2024 年 2 月第 1 版
印次：2024 年 2 月第 1 次印刷
定价：49.80 元

目 录

学而第一

1·1

子曰："学而时习之，不亦说乎？有朋自远方来，不亦乐乎？人不知而不愠，不亦君子乎？"

【辜译】

孔子说："不断地学习知识并应用到实践中，实在是一件很快乐的事。更大的快乐是，志同道合的朋友因为仰慕你而从远方来拜访你。一个人即使没有被人注意到也能够淡然处之，就真的是一个睿智高尚的人。"

【辜解】

子曰："学而时习之，不亦说乎？有朋自远方来，不亦乐乎？人不知而不愠，不亦君子乎？"孔子在这里所讲的是一个真正有教养之人的经验之谈。在中国人眼中，只有有教养的人才能称为君子。朱熹注释说："学的意思是效仿。"我私下认为，"学"字不能单纯地解释为效仿，让后来的学者知其然不知其所以然。现在我国锐意维新，方方面面都在效仿西方人，却没有思索为什么这么做的原因，我对此表示怀疑。

1·2

有子曰："其为人也孝弟，而好犯上者，鲜矣；不好犯上，而好作乱者，未之有也。君子务本，本立而道生。孝弟也者，其为仁之本与？"

【辜译】

孔子的一位学生说："一个孝顺父母、敬爱兄长的人，很少会以下犯上，这样的人也不会扰乱国家的安宁与稳定。一个聪明的人会把精力放在基础的事务上，一旦有了基础，智慧会随之而来。那么，做一个孝顺父母、敬爱兄长的人，不就是构成道德高尚的生活的基础吗？"

【辜解】

我把"孝弟"译成"成为孝子和良民"。如果能对上者谦恭和遵守法律，就是一个良民。孔子曾说过："做一个孝子及好公民是构成道德高尚的生活的基础。"在日常生活中，做一个孝子和好公民不就是人生的主要目标吗？孔子给了中华民族一个真正的国家观念，并且把这个观念固化、扩大，他在《春秋》里详细描述了这种国家观念，指出人们没有道德层面上的真正的国家观念才会社会动荡。

1 · 3

子曰："巧言令色，鲜矣仁。"

【辜译】

孔子说："花言巧语而面目伪善的人，很少具备道德品质。"

1 · 4

曾子曰："吾日三省吾身。为人谋而不忠乎？与朋友交而不信乎？传不习乎？"

【辜译】

孔子的学生曾子说："我每天从这三个方面去反思自己的言行。第一，别人所委托的事情是否尽力完成了？第二，与朋友交往是否能做到真诚可靠了？第三，老师教授的知识是否复习了？"

1 · 5

子曰："道千乘之国，敬事而信，节用而爱人，使民以时。"

【辜译】

孔子说："在处理一个大国的各种事务的时候，应竭尽全力、诚实守信、及时地对待；应节约财政开支，热爱人民的福利；应在每年适当的时间段役使人民。"

【辜解】

孔子曰："道千乘之国，敬事而信，节用而爱人，使民以时。"朱熹对"敬事而信"的解释是"做好分内之事以取信于民"。我认为"信"应解释为"有恒"，如唐诗"早知潮有信，嫁与弄潮儿"。

我记得当年徐致祥弹劾张之洞的折子上有一条指责他"工作休息没有节制"，后来李翰章又上奏称赞张之洞"治簿书至深夜"，也就是说"夜晚也工作"。同样一件事，称赞和诋毁完全是两种效果。说他半夜还在工作，就是"敬事"；说他工作休息没有节制，就是"无信"。如果一个人严肃对待工作但是没有信用，就会徒劳无功。

西方人治理国家，之所以能把事务处理得井井有条，就是得到了《论语》中"敬事而信"这一条的精髓。北宋赵普曾说："半部《论语》可治天下。"我觉得凭"敬事而信"这半条《论语》也可以振兴中国。现在中国官员若都能做到"敬事而信"，那么，官员们就不用一年三百六十天有三百天都在官衙中熬时间了。

我又想起刘忠诚公（刘坤一）去世后，张之洞调任两江总督，上任后，张之洞为了节省开支，特意命令衙门的幕僚都自备伙食，幕属们对此多有抱怨。恰好当年会试试题就是《论语》"道千乘"这一章。我便跟同僚开玩笑说："咱们张大帅可谓敬事而无信，只晓得节省开支却不懂得对人才多加爱惜。别人称赞我们大帅有贯通古今的学问，我却认为大帅的学问即使是《论语》这一章，也不过是读通了一半。"听者无不大笑。

1·6

子曰："弟子入则孝，出则弟，谨而信，泛爱众，而亲仁。行有余力，则以学文。"

【辜译】

孔子说："一个年轻人，在家应做孝顺父母的儿子；在社会闯荡，应做遵纪守法的好公民。做人必须谨言慎行、恪守诚信。与他人交往应当友好、温和，而且应当亲近有道德品质的人。这样躬行实践之后，如果还有空闲和机会的话，他就应该去学习文化知识。"

1·7

子夏曰："贤贤易色；事父母能竭其力，事君能致其身，与朋友交言而有信。虽曰未学，吾必谓之学矣。"

【辜译】

孔子的学生子夏说："一个人尊重贤者的美德，当胜过喜欢女子的美貌；侍奉父母当尽心竭力；服务君王当舍生取义；与朋友交往当言出必行。尽管人们说他目不识丁，但我也会承认他确实是一个有教养的人。"

【辜解】

孔子的学生子夏认为，如果做到了"贤贤易色，事父母能竭其力；事君能致其身；与朋友交言而有信"，这样的人就算没什么学问，他也是一个有教养的人。因为教育的意义并不是掌握了多少知识，而是培养人格。即使没有受过专门的教育，但在生活中养成了良好的道德品质，那和真正受过教育的人没什么两样。英国的一位女作家也表达过这样的意思："如果只懂得读写，接触再多的知识也只能培养出无赖；与其如此，还不如让这些缺乏真正人格的人远离教育。"

1·8

子曰："君子不重则不威，学则不固。主忠信。无友不如己者。过则勿惮改。"

【辜译】

孔子说："一个君子如果不严肃庄重，就不会受到别人的尊敬，所学的也不会稳固持久；责任和真诚应当是第一准则；不交与你不同的朋友；如果你有了坏习惯，则应立即去改正它。"

1·9

曾子曰："慎终追远，民德归厚矣。"

【辜译】

孔子的学生曾参说："通过悼念死去的人，追忆那些久远的过去，能够唤醒人们的道德情感，并使之归向淳厚。"

【辜解】

让人遵守道德行为准则的启示之源是对父母亲的孝顺，以及诞生出来的祖先崇拜仪式，所以，对祖先及历史的追述对人们的道德具有长远的影响。

《论语》里说："践其位，行其礼，奏其乐，敬其所尊，爱其所亲，事死如事生，事亡如事存，孝之至也。"意思是，当我们继承了父辈的位置，举行与他们同样的礼仪，演奏与他们同样的音乐，尊敬他们尊敬的事物，热爱他们热爱的东西，虽然他们已经去世，我们依旧要像他们还活着一样侍奉他们。这是孝的最高境界。

在人们所践行的道德准则中，对君主和国家的忠诚是处于最高等级的，在儒家看来，孝敬父母的人才能做到忠君爱国。

1·10

子禽问于子贡曰："夫子至于是邦也，必闻其政，求之与？抑与之与？"子贡曰："夫子温、良、恭、俭、让以得之。夫子之求之也，其诸异乎人之求之与？"

【辜译】

有个叫子禽的人曾经问孔子的学生子贡说："老师每次到了一个国家，总是能了解到这个国家的实际情况和政策，这是他自己去寻求来的呢，还是人家主动告诉他的？"子贡回答："我们的老师是和蔼、单纯、真诚、恭敬且有礼的，因此，他总能获取到他想了解的信息。老师获取信息的方式，总是与众不同的。"

1·11

子曰："父在，观其志；父没，观其行；三年无改于父之道，可谓孝矣。"

【辜译】

孔子说："在父亲健在的时候，儿子应该观察父亲是如何做事的；在父亲去世之后，应该记住父亲做事的原则；在父亲离世三年后，仍没有改变父亲做事的原则并能坚持下去的，这样的儿子，可以被称为孝子了。"

1·12

有子曰："礼之用，和为贵。先王之道斯为美。小大由之，有所不行。知和而和，不以礼节之，亦不可行也。"

【辜译】

孔子的学生有子说："在艺术的实践中，贵在顺其自然，根据古代君王处事法则来看，正是因为他们本身具有这种品质，所以才具有卓越性。事情无论大小，都遵循着这个原则。但在遵循顺其自然原则时，有些东西确实也是不被允许的，必须知晓，没有严格遵循自然的艺术原则，就不被自然之道所允许。"

【辜解】

中国是当之无愧的礼仪之邦，这离不开儒家文化两千多年的熏陶。孔子的一个叫有若的弟子曾经说过："礼之用，和为贵。先王之道，斯为美。"儒家还有一种解释说："礼者，敬也。"所以，对一个民族礼仪风俗的判断应该基于对此民族的道德原则的认识之上。

同理，我们研究一个国家的政治结构，要先了解这个国家的哲学和历史。所以，研究中国古代儒家政治，有一条捷径就是从"礼"出发。

1 · 13

有子曰："信近于义，言可复也；恭近于礼，远耻辱也；因不失其亲，亦可宗也。"

【辜译】

孔子的学生有子说："只有在正义的范围内做出承诺，你才能信守承诺。只有在正确判断和良好品性的范围内保持真诚，才会免于挫折和羞辱。你与那些值得信赖的人交朋友，这样才能依靠他们。"

1 · 14

子曰："君子食无求饱，居无求安，敏于事而慎于言，就有道而正焉，可谓好学也已。"

【辜译】

孔子说："一个君子，在饮食上不应当没有节制；在住宿上，也不会渴望舒适安逸。这样的人工作勤奋努力，谨言慎行。他总是与有美德和学问的人做朋友，学习他们的经验并以他们为自己的榜样。通过这种方法，他才会成为一个真正有学识的人。"

1·15

子贡曰："贫而无谄，富而无骄，何如？"子曰："可也。未若贫而乐，富而好礼者也。"子贡曰："《诗》云：'如切如磋！如琢如磨'，其斯之谓与？"子曰："赐也，始可与言《诗》已矣！告诸往而知来者。"

【辜译】

孔子的学生子贡问他："虽然贫穷但不会阿谀谄媚；虽然富有但不会自高自大，您怎么看待这样的人？"

孔子回答："这样的人很好，但如果有人能贫穷却知足常乐、富贵却温和有礼，就更不错了。"

子贡说："我明白了，这就是像雕琢一样，需要不断地切磋琢磨一番，才会有所收获吧？老师是不是这个意思？"

孔子回答："我的朋友，现在我将开始给你讲授《诗》了，因为我知道你已经懂得如何去运用道德了。"

【辜解】

孔子说他"十有五而有志于学"，因此想要在学问上有所成就，必须先确立学习、研究他们的志向，而不能只是为了赚钱。

加伊路斯博士是我的一个中国通朋友，他曾说："为了学中国话，错失了很多赚钱的机会。"的确，在某种程度上，学习中国语言文化与好工作、赚钱是无法调和的，就像西方一些人致力于研究莎士比亚或华兹华斯，必然做个穷光蛋一样。

所以，我要真诚地告诫那些热衷于中国语言和文化的西方人：你们要抛弃优越的物质条件，一如你们的骄傲自大，通过他人的肤色来看他们的人格价值和社会价值。四亿中国人也是上帝的子民，他们不单单只是为了西方人的享乐而存在的，而是能够给予西方人学习真正的社会和人生价值的机会。

1·16

子曰："不患人之不己知，患不知人也。"

【辜译】

孔子说："一个人不应当怕别人不理解自己，而应当关注自己能否理解别人。"

为政第二

2·1

子曰：“为政以德，譬如北辰，居其所而众星共之。”

【辜译】

孔子说：“当统治者用道德情操来统治人民，他的地位就如同北极星一样巍然不动，而其他的繁星都会以它为中心旋转。”

2·2

子曰：“《诗》三百，一言以蔽之，曰‘思无邪’。”

【辜译】

孔子说：“那本包含了风、雅、颂的文学诗集，它总共有三百篇作品。其所蕴含的道德理念用一句话可以总结为：没有邪念。”

【辜解】

真正的中国人在精神生活中，同时具有成年人的理性和儿童单纯的感性，或者是来自灵魂的感性和来自理智的理性的完美结合。《诗经》充分反映了中国人精神的这个特点，就像孔子对它的评价"思无邪"一样，没有邪恶的思想。英国近代著名诗人、教育家、评论家马修·阿诺德说：《荷马史诗》不仅具有深刻触及人性天然心灵的能量，这是连伏尔泰都无法做到的，同时还具有让人惊讶的朴素、纯洁和理性，这是伏尔泰作品的优势。"这句评述荷马诗歌的话用来评述《诗经》有异曲同工之妙。

2·3

子曰："道之以政，齐之以刑，民免而无耻；道之以德，齐之以礼，有耻且格。"

【辜译】

孔子说："管理一个国家，如果只是依靠政法，并且通过严峻的惩罚来加强法律，达到社会安宁的目的，这样可以使民众免于犯错，但是民众将会丧失犯错的耻辱感。另一方面，如果依靠道德观念，并且通过推进教育和良好的德行来维持社会秩序，那么民众将会对犯错有耻辱感，而且他们的行为将会更符合道德标准。"

【辜解】

孔子说：“道之以政，齐之以刑，民免而无耻；道之以德，齐之以礼，有耻且格。”的确，人类的“廉耻感”是社会与文明的最根本的基础，而且是社会得以运转所离不开的。贴出禁止嫖赌的告示，是“道之以政，齐之以刑”的做法。这是在行使政令，而非施以教化。不过，在行使政令时要从大局出发，而嫖赌是有伤风化的行为，而且容易扰乱社会秩序，用法律来制裁是合理的。但禁止官员嫖赌，从行政的大局来看就显得荒谬了。

古代所谓“刑不上大夫”，就是为了让他们有廉耻之心。所以把刑法政令施加在百姓身上，孔子还担心会让百姓不知廉耻。如果百姓不知廉耻，国家尚且可以存在；如果官员、士大夫不知廉耻，我就不知道国家还会不会存在了。因为人没有了廉耻感，社会就只能依靠暴力来维持，而暴力无法使一个社会长治久安。

现在官员们放纵无度，对风气教化损伤很大，如果各地的总督、巡抚不明大体，把禁止嫖赌的公文告示贴在妓院赌场周边来维持风气教化，殊不知，这样做反而更加败坏社会风气，要比士大夫吃喝嫖赌所起的坏作用严重千百倍！

2·4

子曰：“吾十有五而志于学，三十而立，四十而不惑，五十而知天命，六十而耳顺，七十而从心所欲，不逾矩。”

【辜译】

孔子说："我在十五岁时，下定决心严谨地学习；三十岁时，我对外界的事物就有了自己的观念和判断力；四十岁时，我不再有任何困惑；五十岁时，我明白了与信仰有关的真理；六十岁时，我能够明白自己听到的所有事情；七十岁时，我可以遵从自己的内心，做自己想做的事，并且不违背道德与法律。"

【辜解】

孔子说："五十而知天命。"这里的"天命"，其实是一种"神圣的宇宙秩序"。在人类的历史上，很多哲学家对它有过不同的命名，比如，德国的费希特把它称作"宇宙的神圣理念"，中国古代哲学家则把它称作"道"，或者"自然之道"。不管如何称呼，它只是一种关于神圣的宇宙秩序的知识，使那些具有伟大思想的哲学家们看到了遵守自然规律和道德法律的重要性。

2·5

孟懿子问孝，子曰："无违。"

樊迟御，子告之曰："孟孙问孝于我，我对曰'无违'。"樊迟曰："何谓也？"子曰："生，事之以礼；死，葬之以礼，祭之以礼。"

孔子故国的一位贵族孟懿子问他，一个孝子的义务是什么？孔子回答："不要放下自己应当承担的责任。"

随后，当孔子的学生樊迟驾驶着马车载着孔子赶路时，他告诉学生说："孟大人问我一个孝子的义务是什么，我回答他，'不要放下自己应当承担的责任'。"学生问："您说的具体是什么呢？"

"具体就是，"孔子回答，"当双亲健在的时候，他应该按照礼节规定的方式承担侍奉自己双亲的职责；当双亲离世之后，他应该根据礼节规定的仪式去安葬并悼念他们。"

2·6

孟武伯问孝。子曰："父母唯其疾之忧。"

【辜译】

上面提及的那位贵族的儿子孟武伯，他在父亲离世后问了孔子相同的问题。孔子回答："回想你生病的时候，你的父母是多么焦虑不安，这样你就会懂得你应该承担的义务是什么了。"

2·7

子游问孝。子曰："今之孝者，是谓能养。至于犬马，皆能有养，不敬，何以别乎？"

【辜译】

孔子的学生子游也来问了孔子相同的问题，孔子回答："现在，所谓孝子的责任，仅仅指他能够赡养他的双亲，但是从同样的情况来看，你也养活了你的狗和马，如果对双亲没有爱和敬意，那他们与你的狗和马的区别又是什么呢？"

2 · 8

子夏问孝。子曰："色难。有事弟子服其劳；有酒食先生馔，曾是以为孝乎？"

【辜译】

另一位学生子夏也问了相同的问题，孔子回答："这件事的难点就在于你对父母的态度。当年轻人做了需要他做的事情；而当有佳肴美酒时，允许长辈享用，只是这样，你觉得这是一个孝子应该承担的全部义务吗？"

【辜解】

子夏曾经问："何为孝？"孔子回答说："色难。有事弟子服其劳；有酒食先生馔，曾是以为孝乎？"与孔子同时代的道德家们认为，为父母操劳所有的工作就是孝。孔子则认为真正的孝不在于你对你的父母履行什么义务，而在于你以一种什么精神面貌履行这些义务，这是孝最难以做到的地方。

2·9

子曰："吾与回言终日，不违如愚。退而省其私，亦足以发。回也不愚。"

【辜译】

孔子提及他最喜欢的学生颜回时说："我曾整日同他交谈，在这期间，他从未反驳过我说的话，如同他理解力迟钝一样。但是在那之后，观察他的生活和言行，我认为，他已经将我的话融会贯通了。不，他并非理解力迟钝的人。"

2·10

子曰："视其所以，观其所由，察其所安，人焉廋哉？人焉廋哉？"

【辜译】

孔子说："审视一个人的所作所为，思考他的动机，发现他的喜好。他怎么还能遮掩得了自己？他还能对你掩藏什么呢？"

2·11

子曰："温故而知新，可以为师矣。"

【辜译】

孔子说："如果一个人不断地温习自己所得到的学问，同时不断地增加新学识，这样他将会成为人们的老师。"

2·12

子曰："君子不器。"

【辜译】

孔子说："有智慧的人不会将自己变成一台固定用途的机器。"

【辜解】

《易传》中说："形而上者谓之道，形而下者谓之器。"在这里，"道"是本质的集合；"器"是现象的总称。小人只重视现象而不看重本质，君子重视本质而不看重现象。小人因为看重现象，所以经常被现象蒙蔽本质；君子因为重视本质，所以能通过本质来把握现象。想要通过本质把握现象，就必须明白本质的规律。人要明白通行的本质才能自我升华，所以，我不让自己成为一台可怜的机器，只适合做一种工作，而应该具有道德素养并懂得生活。

2·13

子贡问君子。子曰：“先行其言而后从之。”

【辜译】

学生子贡问孔子，君子是怎样的人。孔子回答道：“君子，应该先做而后说，然后依照他的所做所为去说话。”

2·14

子曰：“君子周而不比，小人比而不周。”

【辜译】

孔子说：“聪慧的人公正但不中立，愚笨的人中立但不公正。”

2·15

子曰：“学而不思则罔，思而不学则殆。”

【辜译】

孔子说：“不加以思考的学习是无用的，不加以学习的思考是危险的。”

2·16

子曰：“攻乎异端，斯害也已。”

【辜译】

孔子说：“让自己沉溺于研究形而上学的理论，那确实有害。”

【辜解】

孔子对学生说：“攻乎异端，斯害也已。”这里的“异端”是指老庄哲学的学说，如果把它当成药剂使用，还是很有用的，但如果把它当饭吃，那就另当别论了。再如拉茨萨尔这样的思想，对于不健康的欧洲社会是有用的，是需要拉茨萨尔这样的思想药剂的；但这种思想对于一个健康的社会或国家则是不必要的。孔子曾说：“礼云礼云，玉帛云乎哉？”这是在批评那些只注重形式而忽略本质的礼乐行为。如果仅仅“沉湎于形而上学理论的研究之中”而忽略正常生活的学问及义务，是有害的。我听说日本政府计划在上海修建一座博物馆，我认为陈列在里面的那些骨质古董不是真正的艺术品。日本花钱修建博物馆，还不如去帮助一下贫穷的妇女。

2·17

子曰：“由，诲女知之乎！知之为知之，不知为不知，是知也。”

孔子对学生仲由说："我来告诉你理解是什么！知道你所知道的，也要知道你所不知道的是什么——这是理解。"

2·18

子张学干禄。子曰："多闻阙疑，慎言其余，则寡尤；多见阙殆，慎行其余，则寡悔。言寡尤，行寡悔，禄在其中矣。"

【辜译】

一个学生子张，他为了晋升而努力学习，孔子对他说："研究和学习任何事情，暂时不要评判任何你有疑问的事；对其他事情，要注意言辞，这样别人就很难以你说的话而攻击你。深入社会体察民情，但要远离一切会带给你麻烦的事；至于其他事情，注意行为，以免让自己有机会去自我谴责。如果在你的言谈中，很难给他人攻击你的机会，在你的行为上，也难以出现自我谴责的情况，这样即使你不想，你也将会晋升。"

2·19

哀公问曰："何为则民服？"孔子对曰："举直错诸枉，则民服；举枉错诸直，则民不服。"

【辜译】

　　孔子故国执政的国君鲁哀公问他，要做什么才能保证百姓服从自己？孔子回答道："支持合理的措施而废除不合理的措施，百姓将会服从。但是若是支持不合理的措施而废除合理的措施，百姓就不会服从。"

2·20

　　季康子问："使民敬、忠以劝，如之何？"子曰："临之以庄则敬，孝慈则忠，举善而教不能则劝。"

【辜译】

　　孔子的故国中，有一位贵族季康子问孔子，要做什么才能激起民众尊重和忠诚的情感，从而使民众为了国家的利益而努力？孔子回答道："认真地对待民众，那么他们将会尊重你；让民众看到，你如何尊敬你的父母，如何效忠你的国君，并且体贴入微地对待比你地位低的人，那么民众将会忠诚于你。提拔那些做事优秀的人，并且教育那些没有学识的人，那么民众将会为国家的利益而努力。"

【辜解】

　　社会实现正常运转，首先，依靠民众生产食物和其他生活必需品；其次，还依靠中国儒生的知识能力去教化民众；最后，还要依靠贵族的高贵品格指导民众，将他们引到一个高尚目的之上。正像孔子教导的那样，儒家里祖先崇拜仪式保证了家庭的种族不朽。通过祖先崇拜仪式以及忠诚的神圣责任，儒家在中国人活着的时候给了他们生存的永恒感。这种永恒感和其他国家由宗教所宣传的来世生活所带来的永恒感是一样的。

孔子教导的中国的国家信仰的整个体系，其实就是对皇帝的忠诚和对父母的孝顺。敬重你的父母与国君，关怀那些地位比你低的人的福利，那么百姓就会为国家献出自己的力量。

2 · 21

或谓孔子曰："子奚不为政？"子曰："《书》云：'孝乎惟孝、友于兄弟，施于有政。'是亦为政，奚其为为政？"

【辜译】

有人问孔子："您为什么不入仕参政呢？"孔子回答道："《尚书》里是怎么谈论孝子的责任的？'对父母恭敬，对兄弟友爱，在家里承担你的责任。'然而，这也是对政府的义务啊。如果一个人可以这样承担自己的责任，那为什么必须入仕参政呢？"

2 · 22

子曰："人而无信，不知其可也。大车无輗，小车无軏，其何以行之哉？"

【辜译】

孔子说："我不知道一个人没有诚信将如何生存？一辆大马车没有套具，小马车没有马具——它们如何前行？"

2·23

子张问："十世可知也？"子曰："殷因于夏礼，所损益，可知也；周因于殷礼，所损益，可知也。其或继周者，虽百世可知也。"

【辜译】

孔子的学生子张问他，我们能否知晓十代之后世界的文明情况。孔子回答道："殷王朝继承了夏王朝的文明，我们知道他们所做的修改。如今，周朝也继承了殷王朝的文明，我们也清楚它所做的修改。或许以后还会有其他的王朝来代替周朝，即使朝代更迭，那么在百代之后的世界文明情况，也是可以知道的。"

【辜解】

这里讨论的是孔子对于中国文明演进的整体看法。孔子是一个真正的中国人，体现了中国文明的成就。但在孔子生活的年代里，除了他最亲密的朋友和学生，外界并不认同他的伟大。总有一天人们会意识到孔子身上所具有的完美人性。

2·24

子曰："非其鬼而祭之，谄也。见义不为，无勇也。"

【辜译】

孔子说："缺乏真实的情感或敬意就去崇拜一个神灵，这是盲目崇拜；明白做什么是正确的行为，但你的行动却与自己的判断相反，这是胆小。"

【辜解】

孔子曰："非其鬼而祭之，谄也。见义不为，无勇也。"在这里，"谄"字的意思就是"谄媚"。孔子认为，如果动机不纯且不遵守正确的规则进行拜祭，就是一种盲目崇拜。现在，一些受过教育的人谈起佛教徒时，称他们是"媚佛"，即向佛巴结谄媚。

看到了正义，却在行为上与自己的判断相悖，说明缺失勇气，所以，对正义的坚持的勇气极为重要。

八佾第三

3·1

孔子谓季氏："八佾舞于庭，是可忍也，孰不可忍也？"

【辜译】

孔子故国有一个权势很大的贵族首领季孙氏，他在家族祠堂祭拜时聘用了八组乐队（一种皇家的特权），孔子听到这件事之后评论道："如果这都可以容忍，那还有什么不可以容忍呢？"

3·2

三家者以《雍》彻。子曰："'相维辟公，天子穆穆'，奚取于三家之堂？"

【辜译】

上文提及的那个权势很大的贵族首领季孙氏，他吟诵了一首只可以用在帝王祭拜时的赞美诗来结束他们的祭拜活动。孔子对这件事评论道："这首赞美诗的开始是'四周簇拥着王公贵族，天子看起来十分威严'。如此，这个贵族的祠堂怎么可以用这些诗句去描述呢？"

3·3

子曰："人而不仁，如礼何？人而不仁，如乐何？"

【辜译】

孔子说："如果一个人没有道德品质，艺术的运用对他来说有什么作用呢？如果一个人没有道德品质，擅长音乐对他又有什么作用呢？"

【辜解】

这里的礼、乐指艺术和音乐。人如果没有道德品质，那艺术与音乐对他来说没有任何意义。如果整个社会人而不仁，人而无礼，那么会混乱成什么样子呢？孔子曾说："力行近乎仁。"如果你努力不懈地工作，就具备了"仁"的特质。那些历来为中华自强而奋斗的人们被誉为"仁人志士"，他们都是道德高尚、有奉献精神的人。

3·4

林放问礼之本。子曰："大哉问！礼，与其奢也，宁俭；丧，与其易也，宁戚。"

【辜译】

孔子的学生林放问他，什么是礼仪的根本准则。"这是个很好的问题。"孔子回答道，"就社会的礼仪来说，简朴胜过奢华；就追悼会来说，发自内心的悲痛胜过引起他人的关注。"

3·5

子曰："夷狄之有君，不如诸夏之亡也。"

【辜译】

孔子说："即便是在北方和东方的异教徒，也会尊崇他们首领的权威，但现在的中国，对权威的尊重已不复存在。"

3·6

季氏旅于泰山。子谓冉有曰："女弗能救与？"对曰："不能。"子曰："呜呼！曾谓泰山，不如林放乎？"

【辜译】

本章第一节所提及的那个有权势的贵族首领季孙氏，他准备到泰山的山顶进行祭天的活动（一种帝王的特权），孔子听说了这件事后，就对为这个贵族出谋划策的学生冉有说："难道你不能阻止他进行祭天的活动吗？""是的，"学生回答，"我不能阻止他。""唉，这样的话，"孔子回答，"说再多也没用了。但是，你是否觉得，泰山的神灵如同林放一样呢？"

3·7

子曰："君子无所争，必也射乎！揖让而升，下而饮，其争也君子。"

【辜译】

孔子说："一个绅士，他不会因为任何事情与他人竞争——射箭除外。即使是射箭比赛，如若取胜，他会礼貌地向比赛的对手鞠躬；如若败北，他会走下来，喝下失败的苦酒。如此，即使在这种情况下竞争，他依旧会展现自己的绅士作风。"

【辜解】

某一天，一位西方友人邀请我到他家中参加宴会，在座的只有我一个中国人，所以西方朋友就推举我坐首座。宴会中谈到中

八佾第三

031

西方的礼教问题，主人问我说："孔子的教化有什么好处？请您随便谈一谈吧。"我回答说："刚才诸君推让，都不愿意坐首座，这就是孔子的教化。如果今天用竞争的原则优胜劣汰，那么大家势必要决个胜负后才能动筷子，那恐怕今日的聚会大家都吃不到饭了！"满座大笑。《易传》曰："道也者，不可须臾离也。"孔子在"六经"中所说的道是君子之道。世界上必然是先有君子之道，然后人们才知道相互礼让。如果世间没有君子之道，人们不知道相互礼让，那么在吃饭喝水时，会发生官司；在喝酒的地方，也会有人刀剑相向。我所说的有没有教化，关乎人类的存亡，就是这个意思。

3·8

子夏问曰："'巧笑倩兮，美目盼兮，素以为绚兮。'何谓也？"子曰："绘事后素。"子夏曰："礼后乎？"子曰："起予者商也！始可与言《诗》已矣。"

【辜译】

孔子的学生子夏问他下面诗句的含义：笑容美艳，令人目眩；目若秋水，顾盼生辉；如此迷人，却单纯朴素。（《论语》原文：巧笑倩兮，美目盼兮，素以为绚兮）

"绘画时，"孔子回答道，"与基础的线条相比，使用装饰和颜色就是次要的。"

"艺术本身，"学生问，"也被视为次要的东西了吗？"

"我的朋友啊，"孔子回答道，"你点醒了我。我现在可以和你一起讨论诗了。"

3·9

子曰：“夏礼吾能言之，杞不足征也；殷礼吾能言之，宋不足征也。文献不足故也。足则吾能征之矣。”

【辜译】

孔子对他的一位学生说：“我可以给你讲述夏朝的礼仪和文明状况（类似于古希腊文明时期），但如今的杞国（类似于现在的希腊）却不能给我的讲述提供充足的证据。我可以给你讲述殷朝的礼仪和文明（类似于古罗马文明），但如今的宋国（类似于现在的意大利）却不能给我的讲述提供充足的证据。原因是现在留存的文学遗产十分匮乏——否则，我就可以证明我所讲述的。”

3·10

子曰：“禘自既灌而往者，吾不欲观之矣。”

【辜译】

孔子说：“在举办盛大的国祭活动时，只要祭祀的酒洒在地上这个环节一结束，我就会立刻离开。”

3 · 11

或问禘之说。子曰："不知也。知其说者之于天下也，其如示诸斯乎！"指其掌。

【辜译】

有人问孔子上文提及的盛大的国祭的意义。"我不知道，"孔子回答道，"懂得它的重要性的人，就会发现，治理天下就像这样轻而易举。"孔子一边指着自己的手掌一边说。

3 · 12

祭如在，祭神如神在。子曰："吾不与祭，如不祭。"

【辜译】

孔子在祭拜逝者之时，就像能感觉到逝者的存在一样。在祭拜神灵之时，就像真的可以感受到神灵的存在一样。孔子曾说："在祭拜时，如果我没有投入我的真心和灵魂，就会觉得自己像从未祭拜过一样。"

3·13

王孙贾问曰："与其媚于奥，宁媚于灶，何谓也？"子曰："不然，获罪于天，无所祷也。"

【辜译】

某国的一位官员王孙贾问孔子："谚语'祭拜灶台的神胜过祭拜房门的神'究竟有什么含义呢？""并非如此，"孔子回答道，"如果一个人违背了上天的命令，无论他怎么祭拜也是徒劳。"

【辜解】

目前我所认识的研究中国文化的外国学者中，基本上没几人能把中国文学作为一个整体来研究的。除了理雅各博士等真正的学者外，欧洲人获知中国文学的途径主要是通过小说的翻译，但那些小说都不是最好的，只是一些通俗读物，不能全面展示中国文学。威妥玛爵士之流对中国文学的了解也是这些肤浅的东西，所以指责中国文学"智力低下"，这就不足为怪了。正如孔子在回答一位大臣的话时说："获罪于天，无所祷也。"孟子也说："生，我所欲也；义，我所欲也。二者不可得兼，舍生而取义者也。"

3 · 14

子曰："周监于二代，郁郁乎文哉！吾从周。"

【辜译】

孔子说："在前两个朝代文明的基础之上，建立起了如今的周朝文明，在所有人类的艺术文化中。它如此璀璨夺目！我十分喜爱如今的周朝文明。"

【辜解】

孔子说："周监于二代，郁郁乎文哉！吾从周。"说明周代文明同希腊文明是一致的，可以把周代文明与希腊文明相对应。因为中国文明开始于夏代，发展于商代，强盛于周代。据研究，夏代文明与西方的古埃及文明相对应，是物质文明发展的时期。商代文明与西方的犹太文明相对应，周代文明与希腊文明相对应。

3 · 15

子入太庙，每事问。或曰："孰谓鄹人之子知礼乎？入太庙，每事问。"子闻之曰："是礼也。"

【辜译】

　　孔子第一次去国家寺庙（执政的天子祭奉祖先的寺庙）任职的时候，每一个祭祀的环节，他都会问别人自己该做什么。于是就有人说："是谁跟我说，从鄹地来的那个平民的儿子是知道正确的礼节的人？"孔子听了这个议论，说："那就是正确的礼节。"

3·16

　　子曰："射不主皮，为力不同科，古之道也。"

【辜译】

　　孔子说："比赛射箭时，箭射穿了靶子不应该得分，因为不能期望参赛选手的体力是相同的，至少，这是旧的规则。"

3·17

　　子贡欲去告朔之饩羊。子曰："赐也，尔爱其羊，我爱其礼。"

【辜译】

　　孔子的学生子贡想在每月初举办宗教仪式时不使用羊作为祭品。"你想要节约的"，孔子对他说，"是羊的花销；但我保留的是礼仪的原则。"

3·18

子曰："事君尽礼，人以为谄也。"

【辜译】

孔子说："现在人们认为献给国君应有的尊敬，是一种奴性的行为了。"

3·19

定公问："君使臣，臣事君，如之何？"孔子对曰："君使臣以礼，臣事君以忠。"

【辜译】

孔子故国执政的君主鲁定公问孔子："一位君主应该怎样对待他的大臣？一个大臣应该怎样对待他的君主？""这位君主，"孔子回答，"敬重他的大臣，大臣也就会忠诚于他的君主。"

3·20

子曰："《关雎》，乐而不淫，哀而不伤。"

【辜译】

孔子说："那本有关《风》和《雅》的书里,《风》的第一首诗抒发了爱慕的情感,它热忱但不淫秽,惆怅但不颓靡。"

【辜解】

《诗经》第一篇中的《关雎》是世界上最古老的爱情歌曲。我曾在《北京每日新闻》上发表过《诗经》的一部分,文中这样形容中国传统观念中的女性:"关关雎鸠,在河之洲,窈窕淑女,君子好逑。"其中,"窈"的意义为优雅的、温顺的、恬静的、腼腆的;"窕"的意义则是迷人的、和悦可亲的、快乐的。"淑女"则是指纯洁、贞洁的女子。你可以轻松地从这首中国最古老的情歌里看到中国女子的三个特征:优雅幽静的爱,腼腆的表现以及用语言无法形容的温柔魅力、贞洁。总之,一个完美的中国女子是幽静的、腼腆的、贞洁的。

3·21

哀公问社于宰我。宰我对曰:"夏后氏以松,殷人以柏,周人以栗,曰使民战栗。"子闻之曰:"成事不说,遂事不谏,既往不咎。"

【辜译】

孔子故国执政的君主鲁哀公,他问孔子的学生宰我,在祭坛上使用土地守护神有什么象征。这位学生回答道:"夏王朝的君王选种的是松树，殷朝的民众采用的是柏树，如今周朝的民众选择了栗（栗树）作为象征，它让民众敬畏。"后来孔子听到了这位学生的言论，他说："去评判做了的事情，和去试图更改开始了的事情，又或者去指责早已过去的事，都是毫无用处的。"

3·22

子曰："管仲之器小哉！"或曰："管仲俭乎？"曰："管氏有三归，官事不摄，焉得俭？""然则管仲知礼乎？"曰："邦君树塞门，管氏亦树塞门；邦君为两君之好，有反坫，管氏亦有反坫。管氏而知礼，孰不知礼？"

【辜译】

谈及一位著名的政治家（类似于当时的俾斯麦），孔子说："管仲绝不是一个伟大的思想家！""但是，"有人说，"管仲生活是简朴的。难道不是吗？""为什么？"孔子问道，"他有瑰丽壮观的府邸。此外，他有专属的人员来处理家庭的各类事务。如何说他生活简朴呢？""可是，"那人又说，"管仲依旧是一个很尊守正确礼节、品行良好的人，难道不是吗？""不是，"孔子回答道，"执政的君主都会在宫殿门前修建墙壁。管仲也在他家的门前建了墙壁。当两位执政的君主会晤时，各自都有专属的餐台，而管仲也有专属的餐台。如果你觉得管仲是个品行良好的人，那么谁是品行不好的人呢？"

【辜解】

　　有人曾诋毁曾国藩说："曾国藩和管仲一样，君王在赏识他们后，他们就变得非常专权；施行政策如同烈火一般；功劳虽然很大，但也算是行为卑劣的人了。"我认为曾国藩的功劳和气节是大义所在，是不能轻易否定的，但他的学术和对天下大事的谋划，也有不尽如人意之处。《文正公日记》中说："古人有得名望如予者，未有如予之陋也。"［意思是，古代名望像曾国藩这么高的人，没有像他这样粗糙（做事）的］。有人问从哪里可以看到曾国藩的粗糙呢，我说："看一看南京制台的衙门，规模是那么笨拙，工艺是那么粗糙，虽然大气但不合时宜，就能看出曾国藩行事的粗糙之处了。"

3·23

　　子语鲁大师乐，曰："乐其可知也。始作，翕如也；从之，纯如也，皦如也，绎如也，以成。"

【辜译】

　　孔子对他故国中最高级的乐师说："我觉得我明白了一个完整的乐队演奏一首乐章的方式了。首先，需要人们清楚地听到乐曲的声音；然后，演奏时你必须关注每一个音调是否准确、明了，并且流畅，同时，不要中断或者暂停，直到演奏结束。"

3·24

仪封人请见，曰："君子之至于斯也，吾未尝不得见也。"从者见之。出曰："二三子，何患于丧乎？天下之无道也久矣，天将以夫子为木铎。"

【辜译】

孔子旅行到某个边境时，一位管理关卡的官员请求拜访孔子，他说："每当聪慧的人途经这里时，我总是乐于拜访他。"当这个官员结束拜访后，他对孔子的学生说："先生，为什么你们还会担忧没有官职呢？这个世界已经秩序紊乱和缺乏公平很长时间了。现在，上天让您的老师来唤醒这个世界了。"

3·25

子谓《韶》："尽美矣，又尽善也。"谓《武》："尽美矣，未尽善也。"

【辜译】

孔子谈及一首著名的乐曲《韶》时（是那时知道的中国最古老的音乐），说："它拥有极其和谐优美的韵律，同时拥有极为高尚的道德。"谈及另一首乐曲《武》时，孔子说："它虽然拥有极其和谐优美的韵律，但欠缺了高尚的道德。"

3·26

子曰："居上不宽，为礼不敬，临丧不哀，吾何以观之哉？"

【辜译】

孔子说："拥有强权却不懂得宽容；尊敬却不能肃穆；哀悼却不伤悲——我不想看到这样的事情。"

里仁第四

4·1

子曰："里仁为美。择不处仁，焉得知？"

【辜译】

孔子说："邻里道德高，生活才更好。一个人在挑选居所时，不选择道德好的环境，那他就不是聪颖的人。"

4·2

子曰："不仁者不可以久处约，不可以长处乐。仁者安仁，知者利仁。"

【辜译】

孔子说："没有道德品质的人，忍受不了困境，也难以享受富贵荣华。有道德品质的人能在道德之中安然自若，聪明人会发现道德带来的优势。"

【辜解】

孔子曾经说："力行近乎仁。"如果你努力工作，就有了"仁"的特质。满族贵族可贵的地方，在于他们具有英雄气概或高贵品质；以儒生们为代表的中产阶级的优点，在于他们所具有的智慧；民众阶层的长处，则在于他们的勤劳品质，或者自强不息的精神。而马修·阿诺德先生称这种生生不息的勤劳精神为"希伯来精神"，这就是中国民众或劳工阶级的勤劳力量。中华文明源远流长，靠的正是这种力量，所以，那些历来为中华自强而奋斗的人们被誉为"仁人志士"，孔子认为他们都是具有奉献精神的道德高尚的人。

4·3

子曰："唯仁者能好人，能恶人。"

【辜译】

孔子说："具备道德品质的人，更懂得如何爱恨他人。"

4·4

子曰："苟志于仁矣，无恶也。"

【辜译】

孔子说："只有你专注自己的道德生活，才能避免邪恶。"

4·5

子曰："富与贵是人之所欲也，不以其道得之，不处也；贫与贱是人之所恶也，不以其道得之，不去也。君子去仁，恶乎成名？君子无终食之间违仁，造次必于是，颠沛必于是。"

【辜译】

孔子说："财富和荣誉是人们渴望的目标，但如果为了得到它们而放下应尽的责任，我将不要它们；贫困和卑贱是人们不想要的生活，但是如果不放下应尽的责任就不能远离它们，我宁愿不抛弃它们。如果一个君子失去道德品质，他将不再被称为君子。君子的生活中从不会丢弃道德素养，无论匆忙之间，还是危及时刻，他总是坚守道德。"

4·6

子曰："我未见好仁者，恶不仁者。好仁者，无以尚之；恶不仁者，其为仁矣，不使不仁者加乎其身。有能一日用其力于仁矣乎？我未见力不足者。盖有之矣，我未之见也。"

孔子说："我目前还没看到真的热爱道德生活，或者真的厌恶不道德生活的人。真的热爱道德生活的人，道德高于一切，而真的厌恶不道德生活的人，他将会成为道德高尚的人，他绝对不会允许自己的生活中发生任何不道德的事。无论如何，如果一个人真的努力让自己过一天道德的生活，我不相信他没有能力做到。至少，我从未听到过有这样的事情。"

4·7

子曰："人之过也，各于其党。观过，斯知仁矣。"

【辜译】

孔子说："人们犯的错都会带着他的性格特点，根据审视一个人犯的错，可以推测出他的道德品质。"

4·8

子曰："朝闻道，夕死可矣。"

【辜译】

孔子说："一个人清晨时候学到了智慧，那么在太阳下山后他就可以满足地死去。"

4·9

子曰："士志于道，而耻恶衣恶食者，未足与议也。"

【辜译】

孔子说："一个人致力于研究学问，但却由于衣食短缺而在与绅士交谈时觉得自卑，这没有任何意义。"

4·10

子曰："君子之于天下也，无适也，无莫也，义之与比。"

【辜译】

孔子说："明智的人在判断世界时，不会有偏爱或偏见，他只是站在恰当的一边。"

4·11

子曰："君子怀德，小人怀土；君子怀刑，小人怀惠。"

孔子说:"君子关注一个人的道德品质,小人只关注一个人的职位。君子期望平等公正,而小人只期望袒护。"

【辜解】

拙著《总督衙门论文集》主要收录了我在义和团运动爆发后至庚子议和前后公开发表的一些英文文章。因为当时我在湖广总督张之洞的幕府当幕僚,所以名为《总督衙门论文集》。

我本来计划匿名发表这些文章的,但考虑到这些文章中最重要的篇章创作的特殊背景及意义,才署上了真名。而且,还有其他一些原因不得不让我公开自己的身份,就像英国人敬慕勋爵之位,在华的外国人也会仰慕当地的总督。

孔子说:"君子怀德,小人怀土。"也许只有告诉读者自己的身份,这些文章才会产生我想要的影响力吧。所以,当人们知道这些作品不是总督所写,而是由一个总督的幕僚所写时,这些作品也许就会失去吸引"怀土"读者的魅力了。

4·12

子曰:"放于利而行,多怨。"

【辜译】

孔子说:"如果你总是只在乎自己的好处,那么一定会树立无数的敌人。"

4 · 13

子曰："能以礼让为国乎？何有？不能以礼让为国，如礼何？"

【辜译】

孔子说："一个通过自身真正的谦恭和良好的举止来治理国家的人，他将发现治理国家并不困难。但如果一个统治者的自身不具备真正的谦恭及良好的举止，只有公式化的礼仪和礼节，对他又有什么好处呢？"

4 · 14

子曰："不患无位，患所以立；不患莫己知，求为可知也。"

【辜译】

孔子说："不要因为谋取职位而担忧，应该考虑如何做好你自己的职位。不要因为籍籍无名而担忧，应当努力做事而获得应得的声望。"

4 · 15

子曰："参乎！吾道一以贯之。"曾子曰："唯。"子出，门人问曰："何谓也？"曾子曰："夫子之道，忠恕而已矣。"

【辜译】

孔子对学生曾参说："有一条原则，它贯穿了我的整个生活及教学生涯。""我也这样认为。"这位学生回答。

一会儿，孔子离开，其他学生询问刚才和孔子交谈的学生："老师刚才和你说的话是什么意思？""老师的生活和教学，"这位学生回答，"可以概括为两个词：责任和仁爱。"

4 · 16

子曰："君子喻于义，小人喻于利。"

【辜译】

孔子说："聪明的人在一个问题上关注正确的事，而愚笨的人只关注有利于自己的事。"

【辜解】

孔子说："君子喻于义，小人喻于利。"这句话中，君子应该坚持的"义"，指的是"诚实的理性"，或者"理性的诚实"。我以为，以小人之道谋划国家事务，就算国家能强大，也不会持久；以君子之道治国，就算国家弱小，也不会亡国。若想做君子之国，就要以忠信为后盾，以礼义为利器，这样，国家就能稳固。如果不能专心于此，只顾贪图蝇头小利，小人的谗言和卑鄙奸诈的阴谋就会随之而来，那离亡国也就不远了！

4·17

子曰："见贤思齐焉，见不贤而内自省也。"

【辜译】

孔子说："当遇到高尚的人时，我们应该思考如何能与他们媲美。当遇到卑鄙的人时，我们应当反省自己，并发现我们是否有像他们一样的缺点。"

【辜解】

唐朝李习之举荐熟人给徐州张仆射，在信中说："大凡奇才贤士都性情高傲自负，和世间不相合，即使看见了也不一定了解他们。所以认识贤人，了解他们的长处，任用他们的才能，让他们尽情发挥才能，而不会让小人伤害他们，天下只有您一个人能做到。现在，一个人才和一个平常人前来，对待他们都礼貌但是不加重用，那么人才就会流走，而普通人会来的越来越多。如果重用普通人，人才又来这里追求什么呢？"

丁未年（公元1907年），我跟张之洞大人进京，认识了瑞京卿，彼此有一种相见恨晚的感觉。瑞京卿问："你到京师后出门拜访了吗？"我回答道："我不会出门拜访的。"瑞京卿说："以前就听说你的学问才能远超同辈，本以为你会飞黄腾达，但直到现在官位还不高，这一度让我极为迷惑。现在听到你的话，我才明白！你到京城后不拜访权贵，官位不高就没什么好奇怪的了。"两人相视一笑。

4·18

子曰："事父母几谏，见志不从，又敬不违，劳而不怨。"

【辜译】

孔子说："一个儿子奉养父母时，他不应该埋怨父母。如果他迫不得已这样做，但父母不愿意听他说的话，他也不应该不尊重或者忽视父母的希求，然而，不论父母会带给孩子多少麻烦，他也应当毫无怨言。"

4·19

子曰："父母在，不远游。游必有方。"

【辜译】

孔子说："如果父母都活着，儿子不该去离家乡很远的地方；如果他去了，应当让父母知道他去的地方是哪里。"

4·20

子曰："三年无改于父之道，可谓孝矣。"

【辜译】

孔子说："如果在父亲去世三年后，儿子在生活中没有更改父亲教会他的原则，他就可以被称为孝子。"

4·21

子曰："父母之年，不可不知也。一则以喜，一则以惧。"

【辜译】

孔子说："儿子应该记牢父母的年龄，一方面是感恩父母，一方面是担忧父母。"

4·22

子曰："古者言之不出，耻躬之不逮也。"

孔子说："古代的人保持沉默的原因是害怕说的和做的事情不相符。"

4·23

子曰："以约失之者鲜矣。"

【辜译】

孔子说："需求少的人，失误也极少。"

4·24

子曰："君子欲讷于言而敏于行。"

【辜译】

孔子说："君子总是言语缓慢，行为勤勉。"

4·25

子曰："德不孤，必有邻。"

【辜译】

孔子说:"有道德的人绝不会孤独,良友必然在他周围。"

4·26

子游曰:"事君数,斯辱矣,朋友数,斯疏矣。"

【辜译】

孔子的学生子游说:"为君主效力时,如果不停地指责君主的过错,这将会使你受到羞辱;如果你对朋友用了相同的方式,这将会使你疏远他们。"

公冶长第五

5·1

子谓公冶长，"可妻也。虽在缧绁之中，非其罪也"。以其子妻之。子谓南容，"邦有道，不废；邦无道，免于刑戮"。以其兄之子妻之。

【辜译】

孔子评价学生公冶长时，他说："把女儿嫁给他做妻子，任何人都不会犹豫。确实他曾身陷牢狱之中，但他并没有犯罪。"

于是，孔子把他的女儿嫁给这个学生做妻子。

孔子评价另一位学生南容时，他说："当一个国家的政治有序且公正时，他的才能就难以埋没。但是当一个国家的政治无序且不公正时，他将会逃离迫害。"

于是，孔子把他的侄女嫁给了这个学生做妻子。

5·2

子谓子贱，"君子哉若人！鲁无君子者，斯焉取斯"？

【辜译】

孔子随后评价另一位学生子贱，他说："他是个真君子啊！我想知道，如果这个国家没有聪明且高尚的人，他如何获得高尚的品质！"

5·3

子贡问曰："赐也何如？"子曰："女器也。"曰："何器也？"曰："瑚琏也。"

【辜译】

另一位学生子贡听到孔子上面的评论后，他问孔子："我呢？您如何评价我？"

"你啊，"孔子说，"就好像是一件艺术品。"

"是什么样的艺术品呢？"学生问。

"一件镶嵌着珠宝的昂贵艺术品。"孔子回答。

5·4

或曰："雍也仁而不佞。"子曰："焉用佞？御人以口给，屡憎于人。不知其仁，焉用佞？"

【辜译】

有人谈及孔子的学生冉雍时，他说："冉雍是个品德良好的人，但不是能言善辩的人。"

孔子听了这个评价后，说："能言善辩的好处是什么呢？一个人总是在言语上与别人针锋相对，将会处处树敌。我不知道他是否品德良好，但是我也看不到能言善辩的好处。"

5·5

子使漆雕开仕。对曰："吾斯之未能信。"子说。

【辜译】

孔子曾想让学生漆雕开进入政界。"不要。"这个学生回答，"我对自己毫无信心啊。"

孔子随后称赞了他。

5·6

子曰："道不行，乘桴浮于海，从我者其由与？"子路闻之喜。

子曰："由也好勇过我，无所取材。"

【辜译】

孔子有一次说："现在中国的政治没有秩序且缺少正义。我将乘着船远渡到其他的国家去寻找秩序和正义。如果我需要带一个同行的人，我将会带上仲由。"他在言语中提及了学生仲由。

听了孔子的话，被提及的学生十分开心，并且愿意跟随。

"我的朋友，"孔子对他说，"你的确比我勇敢，只是你在运用它时缺少了判断力。"

5·7

孟武伯问："子路仁乎？"子曰："不知也。"又问。子曰："由也，千乘之国，可使治其赋也，不知其仁也。""求也何如？"子曰："求也，千室之邑，百乘之家，可使为之宰也，不知其仁也。""赤也何如？"子曰："赤也，束带立于朝，可使与宾客言也，不知其仁也。"

【辜译】

孔子故国很有权势的贵族成员孟武伯问孔子，前文提到的学生仲由是不是一个品德良好的人？"我不确定。"孔子回答。但他一再追问，孔子就说："即使在一个强大的国家中，这个人能够管理军队中的事务，我也不能断言他是不是一个品德良好的人。"

　　然后这个贵族针对另一个学生冉有，又问了相同的问题。孔子回答："即使管理一个大都市的政府或管理一个小国家的事务，这个人能够担任最高的职位，我也不能断言他是不是品德良好的人。"

　　贵族针对另一个学生公西赤，继续问了相同的问题。孔子回答："即使在朝廷极为正式的接待宴上，这个人能够承担招待宾客的职责，我也不能断言他是不是品德高尚的人。"

5·8

　　子谓子贡曰："女与回也孰愈？"对曰："赐也何敢望回。回也闻一以知十，赐也闻一以知二。"子曰："弗如也！吾与女弗如也。"

【辜译】

　　孔子曾询问学生子贡："你和颜回（最喜欢的学生颜回），谁更有才华？"学生子贡回答："我怎敢和他相比较呢？当他学习一件事情，立即能明白它在所有情况下的用途；然而我，当学习一件事后，我只会顺应它，在一两个相应的情况中使用。"

5·9

　　宰予昼寝，子曰："朽木不可雕也，粪土之墙不可圬也，于予与何诛？"子曰："始吾于人也，听其言而信其行；今吾于人也，听其言而观其行。于予与改是。"

【辜译】

孔子的学生宰我把一天当中最好的时间用于睡觉，孔子评论道："你用腐朽的木头无法雕刻出来任何东西，也无法在垃圾建起的墙上粉刷泥灰。在这样的情形下，责怪怎么会有用呢？"

孔子继续说："曾经，当我想评判一个人时，我会听他说了什么，就会相信这个人在生活中可能会做什么。但是现在，当我想评判一个人时，我必须得观察这个人在生活中做了什么，再听他说了什么。也许，是那些像这个年轻人一样的人，让我更改了评判人的方法。"

5·10

子曰："吾未见刚者。"或对曰："申枨。"子曰："枨也欲，焉得刚？"

【辜译】

有一次，孔子说："迄今为止，我还没有见过性格坚强的人。""某个人就是。"有人说。"不，"孔子回答，"他只是欲望强烈的人，却不是性格坚强的人。"

5·11

子贡曰："我不欲人之加诸我也，吾亦欲无加诸人。"子曰："赐也，非尔所及也。"

【辜译】

学生子贡对孔子说："那些我不希望别人对我做的事情，我也不想对别人做。""我的朋友，"孔子回答道，"你还没有达到那样的境界。"

5·12

子贡曰："夫子之文章，可得而闻也；夫子之言性与天道，不可得而闻也。"

【辜译】

孔子的学生子贡说："你时常听到老师探讨艺术和文学的话题，却从未听见他探讨有关玄学和神学的话题。"

5·13

子路有闻，未之能行，唯恐有闻。

【辜译】

当孔子性情刚勇的学生仲由，还不能在实际情况中运用所学知识的时候，他就害怕去学习任何新的东西。

5·14

子贡问曰："孔文子何以谓之文也？"子曰："敏而好学，不耻下问，是以谓之文也。"

【辜译】

谈及当时的一位名人的时候，学生子贡问孔子："孔文子死后，在他的名字中为什么加上了'文'这个荣誉称号呢？"

孔子回答道："他的确是一个很勤奋的人，他总是能提升自己的文化修养；他不会因为向知识储备不及他的人请教而感到羞愧。正因如此，他死后，在他的名字中加上了'文'这个荣誉称号。"

5·15

子谓子产，"有君子之道四焉：其行己也恭，其事上也敬，其养民也惠，其使民也义。"

【辜译】

孔子评论一位著名的政治家子产（相当于当时的柯尔贝尔）时，说："他通过四个方面展现了他的良好品行和聪明才智：在自我行为举止上，诚挚热情；在服务君主的利益上，严肃庄重；在为民众提供需求上，慷慨大方，并且对待民众时，公正严明。"

5 · 16

子曰：“晏平仲善与人交，久而敬之。”

【辜译】

孔子评论另一位著名的政治家晏平仲（相当于当时的威廉·坦普尔）时，说：“他知道如何维持真正的朋友关系。无论与他人相识多久，他始终能保持长期不变的谨慎尊重。”

5 · 17

子曰：“臧文仲居蔡，山节藻棁，何如其知也？”

【辜译】

孔子评判当时的一位性情古怪的人臧文仲时，说：“他精雕细琢建造了一座小屋子，只为了养他的大龟。智力像这样的人，我能怎么说呢？”

5 · 18

子张问曰：“令尹子文三仕为令尹，无喜色；三已之，无愠色。

旧令尹之政，必以告新令尹。何如？"子曰："忠矣。"曰："仁矣乎？"曰："未知，焉得仁？""崔子弑齐君，陈子文有马十乘，弃而违之，至于他邦，则曰：'犹吾大夫崔子也。'违之。之一邦，则又曰：'犹吾大夫崔子也。'违之。何如？"子曰："清矣。"曰："仁矣乎？"曰："未知。焉得仁？"

【辜译】

孔子的学生子张询问他对当时一位公众人物的评价，学生说："他在为官期间，三次被任命为宰相，但他从未表现出任何得意的神色。三次被罢职时，也从未表现出任何沮丧的神色。每次他离职交接时，总会向继任者解释清楚迄今所管辖的部门正在实行的方针政策。"

"那么，"学生问，"您怎么看待他呢？"

"他呢，"孔子回答道，"是一个有责任感的人。"

"但是，"学生问，"他能被称为品德高尚的人吗？"

孔子回答："我不能评判他是否能被称为品德高尚的人。"

学生继续寻问另一个公众人物陈子文，学生说："当故国的宰相崔杼杀死了君主——他的主人，尽管陈子文在那个国家拥有巨额财产，但是他全部舍弃，并离开了该国。到了另一个国家的时候，他说：'我发现这个国家的人都是杀父的人，如同我国的宰相一样。'随即又离开了那个国家。他继续从一个国家到另一个国家，做了相同的观察。那么，您如何看待这个人呢？""他啊，"孔子回答，"是个纯朴高洁的人。""但是，"学生问，"他能被称为品德高尚的人吗？"孔子回答："我不能评判他能否被称为品德高尚的人。"

5 · 19

季文子三思而后行。子闻之，曰："再，斯可矣。"

【辜译】

当时一位公众人物季文子，据说他在每次做事前总是会思考三次以上。孔子听说这件事后，评论道："思考两次就足够了。"

5 · 20

子曰："甯武子邦有道则知，邦无道则愚。其知可及也，其愚不可及也。"

【辜译】

孔子评论当时一位公众人物甯武子时，说："当国家的政治有稳定的秩序、公正的司法时，他的所作所为就像一个才华横溢的人。但是当国家的政治没有秩序和正义时，他的所作所为就像一个愚笨无知的人。像他那样展示才华很容易，但是学他那样愚笨的样子却不容易。"

5·21

子在陈曰："归与！归与！吾党之小子狂简，斐然成章，不知所以裁之。"

【辜译】

当孔子周游列国到了最后时期，在陈国时，有人听到他这样说："我必须考虑回国了，我真的必须要考虑回国了。在祖国的年轻人都是些朝气蓬勃且自强不息的人，此外，他们掌握所有的艺术，但是缺少判断力。"

5·22

子曰："伯夷、叔齐不念旧恶，怨是用希。"

【辜译】

在谈及古代两个生活和品性上均以高洁纯朴而著称的名士伯夷和叔齐时，孔子评论说："他们宽恕曾经的错误，因此，他们对这个世界几乎没有抱怨。"

【辜解】

宗教有一个伟大之处，就是通过它，人类可以遵守道德行为准则。我所说的对宗教的宗师和建立者的无限赞美、爱和狂热的情感，都会被教会用来鼓励人。孟子在谈到中国历史上两个基督式的人物时说："如果人们领会了伯夷和叔齐的精神，就算是放荡的恶棍也不再自私，懦弱的人也会变得勇敢起来。"

5·23

子曰："孰谓微生高直？或乞醯焉，乞诸其邻而与之。"

【辜译】

孔子评价当时的一个叫微生高的人时，说："谁说微生高是个诚实的人？当有人跟他讨要一些生活必需品时，他却找他的邻居讨要来作为自己的东西给了那个人。"

5·24

子曰："巧言、令色、足恭，左丘明耻之，丘亦耻之。匿怨而友其人，左丘明耻之，丘亦耻之。"

【辜译】

孔子说："花言巧语、伪善的态度、虚假的真诚，这些都是左丘明引以为耻的事情，我也觉得这样的事情很羞耻。掩饰自己对他人的憎恶，与他交友，这也是左丘明引以为耻的事情，我也对这样的事情感到耻辱。"

5·25

　　颜渊、季路侍。子曰："盍各言尔志？"子路曰："愿车马、衣轻裘，与朋友共。蔽之而无憾。"颜渊曰："愿无伐善，无施劳。"子路曰："愿闻子之志。"子曰："老者安之，朋友信之，少者怀之。"

【辜译】

　　有一次孔子的两个学生，他最喜爱的颜回和性情刚勇的仲由，他们在孔子身旁侍奉时，孔子问他们："你们现在告诉我，你们各自的追求是什么？"

　　"我愿意，"刚勇的仲由回答道，"如果我有车辆、骏马和昂贵的皮毛衣服，与我的朋友们一起分享它们，在这些东西上我们能够不分彼此。"

　　"我啊，"最喜爱的颜回回答道，"我希望不夸大自己的才能，对别人的所作所为能够保持谦逊的态度。"

　　"现在，"性格刚勇的仲由随即询问孔子，"老师，我们也想听听您在生活中追求的目标。"

　　"我的目标，"孔子回答，"就是能够让家乡的老人安享晚年；做到真诚，让朋友们信赖我，能够热爱和关注家乡的年轻人。"

5·26

　　子曰："已矣乎！吾未见能见其过而内自讼者也。"

有人曾经听见孔子说:"算了吧!我现在看不到能发现自己的缺点,或者愿意在自己的良知前控诉自己的人。"

5·27

子曰:"十室之邑,必有忠信如丘者焉,不如丘之好学也。"

【辜译】

孔子曾经评论:"即使在一个很小的镇里,也会有些像我这样认真且诚挚的人。只不过他们没有像我一样尝试教化自己而已。"

雍也第六

6·1

子曰："雍也可使南面。"

仲弓问子桑伯子，子曰："可也简。"

仲弓曰："居敬而行简，以临其民，不亦可乎？居简而行简，无乃大简乎？"子曰："雍之言然。"

【辜译】

有一次，孔子赞赏学生仲弓："雍啊——他可以被立为君主。"

另一次，那位学生问孔子怎么看待公众人物子桑伯子，孔子回答道："他是一个好人，很自在。"

"但是，"学生回答，"如果一个人严格地对待他的私生活，他在社会生活中可能会自由无束地对待民众。但如果自由自在地对待自己的私生活，在社会生活中也如此——难道不是过于自在了吗？""是，"孔子回答，"你是正确的。"

6 · 2

哀公问："弟子孰为好学？"孔子对曰："有颜回者好学，不迁怒，不贰过，不幸短命死矣！今也则亡，未闻好学者也。"

【辜译】

孔子故国执政的君主鲁哀公问孔子，他的哪个学生是真正有才华的人？

孔子回答道："是颜回。他从不让他人因为自己的愤怒而觉得痛苦。他从不会做错同样的事情，不幸的是，他死在了年盛之时。现在，没有人是真正拥有才华的了。"

6 · 3

子华使于齐，冉子为其母请粟。子曰："与之釜。"请益。曰："与之庾。"冉子与之粟五秉。子曰："赤之适齐也，乘肥马，衣轻裘。吾闻之也，君子周急不继富。"原思为之宰，与之粟九百，辞。子曰："毋！以与尔邻里乡党乎！"

【辜译】

有一次，当孔子的学生公西华因为执行公务被派往国外，他的母亲留在家中没有生活来源。另一位学生冉有请求孔子为她提供粮食。"给她，"孔子说，"这么多吧！"给出了特定的数量。这位学生请求再多加一些,孔子随后给出了更多的数量。最终,这位学生给的粮食多于孔子给出的数量。

当孔子知道后,评论道:"当这位夫人的儿子出差时,他乘坐着良马拉着的车,穿着昂贵皮毛的衣服。我相信,一位君子会保留他的仁爱给那些真正有需求的人,而不会去帮助小康之家和富人。"

还有一次,当学生原宪被指派到一个小镇做行政长官时,孔子承诺他的薪水为九百担粮食。这位学生认为太多而不接受。"不要推辞了,"孔子对他说,"如果那些超出你自己的需求,为什么你不将它们同家乡的亲友和邻里分享呢?"

6·4

子谓仲弓,曰:"犁牛之子骍且角,虽欲勿用,山川其舍诸?"

【辜译】

学生仲弓的父亲是个众所周知的坏人,孔子评价这位学生说:"长着斑纹的母牛诞下的小牛,如果具有良好的环境,尽管大家依旧会犹豫把它作为祭品,然而土地之神也未必会不接受。"

6·5

季康子问:"仲由可使从政也与?"子曰:"由也果,于从政乎何有?"曰:"赐也,可使从政也与?"曰:"赐也达,于从政乎何有?"曰:"求也,可使从政也与?"曰:"求也艺,于从政乎何有?"

孔子的故国里一位当权的官员季康子问他，他的学生中，性情刚勇的仲由是否能被政府任命为官？"他是个果敢的人，"孔子说，"对他而言，在政府当官怎么会有困难呢？"

这位官员随后针对另一位学生子贡问了孔子同样的问题。"他是一个洞察力很强的人，"孔子回答道，"对他而言，在政府当官怎么会有困难呢？"

这位官员继续针对另一位学生冉有询问孔子相同的问题。"他是个多才多艺的人，"孔子回答，"对他而言，在政府中做官怎么会有困难呢？"

6·6

子曰："回也，其心三月不违仁，其余则日月至焉而已矣。"

【辜译】

孔子评价他最喜爱的学生颜回，说："不管是在思想还是行为上，他可以几个月都不背离纯粹的道德品质。但对于别人而言，最多可以做到一天或者一个月而已。"

6 · 7

季氏使闵子骞为费宰。闵子骞曰："善为我辞焉！如有复我者，则吾必在汶上矣。"

【辜译】

孔子故国执政的官员季孙氏派人去请孔子的学生子骞去做一个重要小镇的首要行政官。"请替我谢绝吧，"这位学生对使者说，"如果你的主人再派人来邀请我，我将会彻底地离开这个国家。"

6 · 8

伯牛有疾，子问之，自牖执其手，曰："亡之，命矣夫！斯人也而有斯疾也！斯人也而有斯疾也！"

【辜译】

有一次，学生伯牛得了一种传染病，孔子去探望他。虽然孔子并未进入屋子，但是他在窗口握住了病人的手，与他临别。有人听见孔子说："我们将失去他了，但是上天的意志将会实现！"同时，他不停地说："唉！如此一个人竟然要死于这种病！唉！如此一个人竟然要死于这种病！"

6·9

子曰："贤哉，回也！一箪食，一瓢饮，在陋巷。人不堪其忧，回也不改其乐。贤哉，回也！"

【辜译】

当孔子谈及他最喜爱的学生颜回时，说："如此英勇的一个人啊！每天吃一顿饭，再喝些水，并且居住在城中最低矮的小屋里——没有人能忍受这种困难，只有他——他不曾失去他的快乐。如此英勇的一个人啊！"

6·10

冉求曰："非不说子之道，力不足也。"子曰："力不足者，中道而废。今女画。"

【辜译】

学生冉有曾经向孔子抱怨道："我没有不相信您的教诲，而是我缺少在实践中运用知识的能力。"

"那些，"孔子回答，"只想获得必要能力的人，在学习中就表现出来了。但是你——你从一开始就完整地坚持下来了。"

6·11

子谓子夏曰："女为君子儒，无为小人儒。"

【辜译】

孔子对学生子夏说："当你想在文学上成为学识渊博的人时，应当努力做一个明智的好人；当你想在文学上成为学识渊博的人时，不要努力做一个愚人。"

【辜解】

《论语》中说："女为君子儒，无为小人儒。"当我联想起这句话时，正在翻阅翟理士博士的大作《翟山笔记》。同时，我还想起英国驻华领事霍普金斯先生说的另外一句话："长期居住在中国的外国人，如果谈到某位汉学家时，总带有对傻瓜嘲讽的语气。"翟理士博士是一位著名的汉学家，如果单从其作品的数量上来看，那是实至名归，但只计算数量是没有多大意义的，还应注重其作品的深度和质量，从这些方面进行重新评估。

6·12

子游为武城宰。子曰："女得人焉尔乎？"曰："有澹台灭明者，行不由径，非公事，未尝至于偃之室也。"

有一次，孔子的学生子游被任命到一个主要的城镇担任主要的行政官时，孔子对他说："你有没有寻得一位适当的人成为你的下属？"

"有的，"学生回答，"现在有个叫澹台灭明的人，他从不会被个人的私欲所驱使，除非有紧急的公务必须得我处理，否则他不会到我的住宅来拜访。"

6·13

子曰："孟之反不伐，奔而殿。将入门，策其马，曰：'非敢后也，马不进也。'"

【辜译】

孔子评论当时一位英勇的公众人物孟之反时，说："他不曾自我吹嘘。有一次，当敌人包围了他所在的军队时，他渐渐来到军队的最后；当部队接近到达的城门时，他驾着马，最后一个才进城门，他简单地说：'我留在后面不是因为勇敢，而是你们看——我的马不跑啊！'"

6·14

子曰："不有祝鮀之佞而有宋朝之美，难乎免于今之世矣！"

【辜译】

提及当时有名的两个人物祝鮀和宋国公子朝，孔子说："没有像祝鮀（相当于那时的西德尼·斯密斯）一样的智慧，以及像公子朝（相当于那时的切斯特·菲尔德爵士）一样高贵典雅的外表，现在将难以在社会上生存。"

6·15

子曰："谁能出不由户？何莫由斯道也？"

【辜译】

孔子说："谁能不从门出屋子呢？为什么人就不知道除了门的其他生活方式呢？"

6·16

子曰："质胜文则野，文胜质则史。文质彬彬，然后君子。"

【辜译】

孔子说："当人的天性战胜了教育成果，他们就是鲁莽的人。当教育成果战胜了他们的天性，他们就会成为文人。只有当人的天性和教育成果适当地结合起来，我们才有真的君子。"

【辜解】

虽然有些学者能翻译中国的一些诗句，但不能解释和理解中国人的深刻思想，他们缺少哲学洞察力，甚至有的连普通常识都不明白。

孔子曾经说过："文胜质则史。"中国的文人热衷于读书，他们生活、行走在书的海洋，与外界没有什么联系。著述和文学作品不过是写书所用的材料。对一个合格的文人来说，著述立说是不带有什么目的性的。对于真正的学者来说，他们的目的是要通过著述立说和文学研究来解释、批评、理解和认识人类生活。

6·17

子曰："人之生也直，罔之生也幸而免。"

【辜译】

孔子说："人生来就是正直的，如果一个人不再如此，那他只不过是侥幸能存活下来。"

【辜解】

孔子曾说："人之生也直，罔之生也幸而免。"这句话是对现实的最好体现。正如卡莱尔所说，基督教教义中对人性摧残必然造成这样的结果，"'无套裤汉'狂热的暴动和复辟者冷酷的报复，让最广泛的苦难、疯狂和叛乱来临。它让各种目的的团体不受约束，千百万人变成禽兽，轻薄无聊之举得到放纵，这就是不义之君用不义的法律裁决的可怕景象。"

6·18

子曰："知之者不如好之者，好之者不如乐之者。"

【辜译】

孔子说："那些了解它不如喜爱它的人；而那些喜爱它不如享受它的人。"

6·19

子曰："中人以上，可以语上也；中人以下，不可以语上也。"

【辜译】

孔子说："你可以和那些思想天性在普通人之上的人讨论深远的事情，却不可以和思想天性在普通人之下的人讨论这些事情。"

【辜解】

清代学者张履祥在教育弟子时说："凡是有傲气的人就会心浮气躁，比如舜的弟弟象的不仁、唐尧的儿子丹朱的不肖，都是因为傲气。一个人如果不忠不信，就极容易作恶而难以为善。有傲气的话，就会暴戾凶残；如果心浮的话，行为就会变得轻薄，这种人连中等资质的人都比不上。有傲气就不会屈居下位，心浮就不能以理服人，不肯屈居下位的话，就会自以为是。别人顺从他，他就会非常高兴，一旦别人违逆他，他就会生气。因此这类人喜欢奸邪小人而厌恶正直忠良。不能以理服人就会没有主见，随波逐流，受到诱惑而走入歧途。这些人必然会失败。"

　　我认为："知识渊博而情商不够的人，容易自傲，精明有余而知识不足的人，容易浮躁。自傲的人，知识不能通透；浮躁的人，学问不会牢固。学问不通透就容易注重外表，学问不牢固就容易没有恒心。若注重外表到极点，就会变成伪君子；若没有恒心到极点，就会变成真小人。"

6·20

　　樊迟问知。子曰："务民之义，敬鬼神而远之，可谓知矣。"问仁。曰："仁者先难而后获，可谓仁矣。"

【辜译】

　　学生樊迟问孔子什么是有智慧。孔子回答："明白人在社会生活中根本的责任，要敬畏世上的神灵，当与他们亲近时避免不恭敬；这可以认作是有智慧的。"

　　学生随后问孔子怎样才是道德的生活。孔子回答："一个人想要过道德的生活，首先必须让他意识到困难，并努力战胜这些困难，那就是道德生活的含义或检验。"

6·21

子曰："知者乐水，仁者乐山；知者动，仁者静；知者乐，仁者寿。"

【辜译】

孔子说："智慧型的人钟情于水景，道德型的人钟情于山景；有智慧的人积极活跃，有道德的人沉着冷静；有智慧的人享受生活，有道德的人长寿。"

6·22

子曰："齐一变，至于鲁；鲁一变，至于道。"

【辜译】

孔子提及他的国家政府和邻国政府的情况，他说："只要齐国进行改革，它将会与鲁国政府（孔子的祖国）一样好。只要鲁国进行改革，它将会是一个完美的政府。"

6·23

子曰："觚不觚，觚哉！觚哉！"

有人曾经听见孔子感慨道："如果一个不是球的形状的'觚'，怎么还会叫它'觚'呢？怎么还会叫它'觚'呢？"

6·24

宰我问曰："仁者，虽告之曰：'井有仁焉。'其从之也？"子曰："何为其然也？君子可逝也，不可陷也；可欺也，不可罔也。"

【辜译】

孔子的一位学生宰我曾经对他说："一位有道德的人——倘若有人告知他有个人落到了一口井里，我猜测他会立即跳入这个井里吧？"

"他为什么会这样呢？"孔子回答，"一个温良而聪慧的人可能会被诱导急迫地赶到现场，但不会是猛然跳入井里。他也许会被欺骗，却不会被愚弄。"

6·25

子曰："君子博学于文，约之以礼，亦可以弗畔矣夫！"

【辜译】

孔子说：“一个君子会广泛地研究艺术和文学，并且会根据他的判断力和鉴赏力进行研究，他不可能误入歧途。”

6·26

子见南子，子路不说。夫子矢之曰：“予所否者，天厌之！天厌之！”

【辜译】

孔子曾经允许他自己去拜见一位由于生活没有规矩而臭名昭著的王妃，他性情刚勇的学生仲由十分气恼。然后孔子起誓，说：“当我见到她时出现了卑劣的动机，那么老天会抛弃我，老天会永远抛弃我！”

6·27

子曰：“中庸之为德也，其至矣乎！民鲜久矣。”

【辜译】

孔子说：“使用道德情感，维持良好的平衡和完美的均衡状态——那就是人类真实的完美状态。但很少能有人保持在人与人之间长久地建立起这种状态。”

很多西方的无知之辈断言中国文化中缺少进步的内容。我却有相反的看法，即以"中庸"之道为代表的"秩序和进步"，恰好是中国文化的精粹所在。也就是说，文化的意义不在于如何为人类服务，而在于所有被创造的事物获得充分尊重和发展的空间。所以，要先确立社会秩序和道德法则，社会就会自然而然的进步；而在没有道德和秩序的社会，真正的进步和发展都是很难实现的。

6·28

子贡曰："如有博施于民而能济众，何如？可谓仁乎？"子曰："何事于仁，必也圣乎！尧舜其犹病诸！"

【辜译】

学生子贡曾经对孔子说："如果有一个人，他为了民众的福利做了许多好的工作，并且这些事情真的对群众有利，那么您怎样看待这个人，他可以被称为有道德品质的人吗？"

"为什么只称他是有道德品质的人？"孔子回答，"如果必须给这个人一个头衔，应当叫他为神圣或圣人。因为，根据你说的工作来判断，即便是古时的尧和舜这两个帝王也会觉得不如他。"

6 · 29

"夫仁者，己欲立而立人，己欲达而达人。能近取譬，可谓仁之方也已。"

【辜译】

孔子说："一个有道德的人，在培养自身品质时，也会培养他人的品质；在启发自己时，也会启发别人。如果一个人能够站在他人的立场上思考怎样看待问题和做事，这就是达成道德生活的一种很好的方式。"

述而第七

7·1

子曰：“述而不作，信而好古，窃比于我老彭。”

【辜译】

孔子说：“我传播古老的真理而不创立任何新的理论。我通晓并且热爱古人的研究。就此来说，我能敢于将自己相比于我们杰出的老彭。”

【辜解】

孔子活动的时代封地建国的制度已经走到了尽头。当时的社会秩序和政治制度都需要重新设计和解构，因此不仅带来外界局势的混乱，还引起人们心灵的错乱。

人们尝试重新构建新的社会和文明秩序，来解决理性和灵魂的冲突问题，当很多尝试都失败后，人们开始失望，甚至想要摧毁所有的文明。老子就认为，社会和文明在真正的本质和结构上存在着无法更正的错误。老子和他最杰出的门徒庄子，劝说中国人放弃所有的文明和智慧。

孔子则认为社会和文明秩序落后带来灾难和痛苦并不是源于社会和文明的本质和结构，而是因为人们在错误的基础上建立了文明，并走上了错误的道路。孔子告诫中国人不要放弃文明，他一生都在努力尝试把社会和文明引入正途，并给其搭建一个坚实的基础，以此防止文明的毁灭。

当死亡来临，孔子看到文明在未来将要被毁灭，他做了点什么呢？就像一个建筑师看到自己的建筑着火，当他确信已经无可挽救，他所能做的就是保存建筑的图纸和设计，确保有机会能够重建。而孔子看到中国文明的建筑不可避免地走向毁灭而自己无力挽救时，他挽救了中国文明的图纸和设计，那就是对后世影响深远的"四书五经"。这是孔子对中国文明做的巨大贡献。

然而，我要说的是这并不是孔子为中华民族所做的最伟大的工作。他所做的最伟大的工作，是通过这些重建的设计图纸，对文明的设计做了一个新的综合，他给了中国人真正的国家观念——一个真正的、理性的、永恒的文明存在的绝对基础。

孔子通过《中庸》说："夫孝者，善继人之志，善述人之事者也。"总的来说，孔子是真的喜爱周礼，他宣扬周礼并不是因为有什么野心，而是渴望把它发扬光大。

7·2

子曰："默而识之，学而不厌，诲人不倦，何有于我哉？"

【辜译】

孔子随后继续说："在沉默中深思，专心致志地去获取知识；并且不厌其烦地传授知识给其他人。在这些事情里，我可以说我做了哪件呢？"

7·3

子曰："德之不修，学之不讲，闻义不能徙，不善不能改，是吾忧也。"

【辜译】

最后，孔子说："忽视信仰；学习但不领悟；在对我相信正确的事情上毫无行动；并且没有能力改变坏习惯：这些事情致使我经常焦虑。"

7·4

子之燕居，申申如也，夭夭如也。

【辜译】

尽管他说了上面的那些话，孔子在空闲时间里，总能保持宁静和愉悦。

7·5

子曰："甚矣吾衰也！久矣吾不复梦见周公。"

【辜译】

只有曾在孔子年老的时候，有人听到他说："我的智力已经衰退了！现在，我很久没有像之前那样梦到我们的周公了。"

【辜解】

在孔子之前，中国的周朝出现了一位伟大的政治家、著名的律法确立者——周公，他最先整理、确立了君子律法，也就是中国的礼——礼仪、礼法。周公之礼是孔子出现以前的中国宗教，就好像犹太教义《旧约》一样。它第一次确定了中国婚姻的神圣性，通过仪式来约束婚姻。直到现在，中国人还把婚姻圣礼称为周公之礼。周礼是和孔子的国家信仰不同的一种家庭信仰。

孔子在他教导的国家信仰里有一个新的、更广泛、更有包容性的应用，即制定了新的圣礼。这种新的圣礼被称为"名分大义"，我把它翻译为"荣耀和责任的重大原则"或者"荣耀法典"。孔子通过制订名分大义替代了以前的家庭信仰，给了中国人一种国家信仰。

7·6

子曰："志于道，据于德，依于仁，游于艺。"

【辜译】

孔子对他的学生说："寻求智慧；坚定信仰；过有道德的生活；并且享受来源于追求高雅艺术的乐趣。"

7·7

子曰："自行束修以上，吾未尝无诲焉。"

【辜译】

孔子说："在教别人时，我对贫者和富者都一视同仁。我会用相同的方式教那些只能负担起基本的拜师礼物的人，就像教其他人一样。"

7·8

子曰："不愤不启，不悱不发，举一隅不以三隅反，则不复也。"

【辜译】

孔子随后继续说："我的教学方式，在我向他展示我的方法之前，我总会等学生去用他的办法努力克服困难。在我给他一个解释之前，我总会让学生找寻他的解释。当我从某一角度解释一个主题的含义时，我发现学生无法从其他角度领会它的含义，我就不会重复我的课程。"

7·9

子食于有丧者之侧，未尝饱也。子于是日哭，则不歌。

【辜译】

孔子在服丧者家里吃饭的时候，他从来不多吃。在参加葬礼，悼念死去的朋友的同一天，绝对不会在他的屋子里听到音乐。

7·10

子谓颜渊曰："用之则行，舍之则藏，惟我与尔有是夫！"子路曰："子行三军，则谁与？"子曰："暴虎冯河，死而无悔者，吾不与也。必也临事而惧，好谋而成者也。"

孔子曾对他最喜爱的学生颜回说："在政治生活中，要求行动就行动；当被忽视时，就开始去满足自己的私生活——这是你和我——我们共同决定的想法。"

当他的另一个学生，性情刚勇的仲由听到后，他对孔子说："但是如果您统领着一个军队，谁将和您一起呢？"

"我将不会和一个，"孔子回答，"准备徒手去活捉老虎，或者跳海不畏死亡的人去。和我一起去的人，他能够意识到他的面前将承担的任何任务中的困难，并且只有经过深思熟虑后才会去完成它的人。"

7·11

子曰："富而可求也，虽执鞭之士，吾亦为之。如不可求，从吾所好。"

【辜译】

孔子曾说："假如有一种必然的致富道路，即使是必须成为一个马夫去养马，我也愿意去成为那样的人。但是由于确实没有必然的致富道路，我宁愿去追求我的意愿。"

7·12

子之所慎：齐、战、疾。

【辜译】

在一个人的一生中，孔子认为在三种情况下必须慎重考虑：在信仰、战争和疾病的情况下。

7·13

子在齐闻《韶》，三月不知肉味，曰："不图为乐之至于斯也！"

【辜译】

当孔子旅游到了某个国家的时候，他第一次听到一首古老的音乐（在当时的中国被认为是最古老的）弹奏。因此，他三个月都沉浸在研究这首曲子之中，完全忽略了他的日常饮食。后来，有人听到他说："我从未想过音乐可以被演奏得如此完美。"

7·14

冉有曰："夫子为卫君乎？"子贡曰："诺。吾将问之。"入，曰："伯夷、叔齐何人也？"曰："古之贤人也。"曰："怨乎？"曰："求仁而得仁，又何怨？"出，曰："夫子不为也。"

随同孔子周游到某一个国家的学生冉有——谈论那个国家执政的君主，当这位君主的父亲被流放，紧接着，他在祖父去世后继承了王位，随后反对他的父亲回国——冉有对另一个学生子贡说："老师是赞成现在掌权的儿子吗？""哦，"子贡回答，"我去询问他吧。"

另一位学生子贡就走到孔子所在的地方，对他说："伯夷和叔齐是什么样的人？""他们是古代的杰出人物，"孔子回答。"但是，"学生询问，"他们抱怨过这个世界吗？""没有，"孔子回答，"在生活中，他们追求的是一种高尚的道德生活，并且他们成功过上了高尚的道德生活。他们还需要抱怨这个世界吗？"随后，子贡走出来，对冉有说："不，老师不赞成当前的掌权者。"

7·15

子曰："饭疏食饮水，曲肱而枕之，乐亦在其中矣。不义而富且贵，于我如浮云。"

【辜译】

孔子说："靠最简陋的饭菜，喝冷水，用我弯曲的双臂做枕头而生活——在这样的生活中我也能发现乐趣，然而通过牺牲正义而取得富贵和荣耀，对于我来说如同幻象一样不真实。"

【辜解】

孔子说"十五而志于学"，就是在教养提高方面专心。的确，一个人如果想要提高自己的教养，那就要专心致志，下苦功夫。

修身养性的人要心无杂念，不考虑教养以外的东西，孔子说"有教无类"就是在教养外不考虑其他，没有杂念的意思。现在人们认为修身养性是件容易的事。孔子在《大学》里说"止于至善"，所以，修身养性其实并不是件容易的事，而是件非常难的事。只有明确了这点，我们才会谦虚起来。

7·16

子曰："加我数年，五十以学《易》，可以无大过矣。"

【辜译】

在孔子开始研究《易经》后，他曾说："倘若我能够多活几年，足够我完成关于《易经》的研究，那么，在我的生活就不会有很大的缺憾了。"

7·17

子所雅言，《诗》《书》、执礼，皆雅言也。

　　孔子钟情于谈论的主题是：诗歌，历史，还有谦恭和良好举止的规则。他频繁地讨论这些主题。

7·18

　　叶公问孔子于子路，子路不对。子曰："女奚不曰，其为人也，发愤忘食，乐以忘忧，不知老之将至云尔。"

　　一个小国执政的君主叶公问孔子性情刚勇的学生仲由，他对于孔子的看法。这位学生不回答他。后来孔子听说了，他对学生说："你这样跟他说：'他是一个为了获取知识努力战胜困难而忽视了其他事物的人，还有，他是一个获得知识会快乐到忘记生活的痛苦的人；并且，他是一个十分专注，以至于没有察觉到年老已经悄然靠近了他的人？'"

7·19

　　子曰："我非生而知之者，好古，敏以求之者也。"

【辜译】

孔子说："我不是一个生来就有智慧的人。我只是一个致力于研究古代，并且勤奋地在这些研究中追寻智慧的人。"

【辜解】

孔子前往周地向老子求教。老子说："你所谈论的那些人，他们去世很久了，只有他们的言论还在流传着。君子遇到好时机就大显身手，如果没有好时机就选择隐居。我听说，成功的商人也会隐藏得像个普通人，而君子德行深厚，但外貌看起来像笨蛋。去除你的傲气、多种欲望和过高的志向，这对你没有什么好处。我能告诉你的，也就只有这些了。"我认为，虞舜是圣人，但大禹还告诫他："不要像丹朱那样骄傲自满。"孔子也是圣人，而老子还是规劝他。所以，孔子成为万世敬仰的学者，老子的告诫也是有功劳的。

7·20

子不语怪，力，乱，神。

【辜译】

孔子总是拒绝探讨超自然现象；奇怪的力量技能；堕落的人非自然的罪恶；或其他超自然的存在。

7·21

子曰："三人行，必有我师焉。择其善者而从之，其不善者而改之。"

【辜译】

孔子说："当三个人相遇在一起时，如果有一个人渴望学习，他总能从其他两者那里学习到东西。他会得益于一个人的好事例并且避免另一个人不好的事例。"

7·22

子曰："天生德于予，桓魋其如予何？"

【辜译】

有一次，孔子在面临敌人桓魋对他造成极大的人身危险时，有人听到孔子说："老天给予我道德与智慧的能力在我心里，那个人又能对我怎么样呢？"

7·23

子曰："二三子以我为隐乎？吾无隐乎尔。吾无行而不与二三子者，是丘也。"

【辜译】

但是还有一次，孔子对他的学生说："我的朋友们，你们觉得我有某些神秘的能力吗？我真的没有任何神奇的能力——对你们，还有其他所有人而言。因为，倘若有人向你们展示了他所做的每一件事情，你们知道，我的朋友们，那个人就是我。"

7·24

子以四教：文，行，忠，信。

【辜译】

贯穿孔子生活及教育生涯的四件事情：文学和艺术的知识、礼仪、良知与真挚。

7·25

子曰："圣人，吾不得而见之矣；得见君子者，斯可矣。"子曰："善人，吾不得而见之矣；得见有恒者，斯可矣。亡而为有，虚而为盈，约而为泰，难乎有恒矣。"

有一次，孔子谈论他那时的百姓和社会的情形时，说："我不期望见到高洁神圣的人；倘若我只能见到聪慧而温良的人，我就满意了。"

"我不期望见到完全诚实的人；倘若我只能见到谨慎正直的人，我就满意。但是在一个社会的情形下，人必须装作拥有他们真正没有的东西；当他们一无所有时，又在假装拥有很多；但他们实际缺乏时，又假装富有充足——如此的一个社会情形之中，即便做一个谨慎正直的人也是很难。"

【辜解】

我很想搞明白，在那群卑鄙、贪婪的伦敦佬中间，究竟有多少人是打着"帝国主义"的旗帜，抱着"免费捕鱼"的目的径直走进中国大门的。当然，我并不是有意责怪这些旅居中国的穷困的"伦敦佬"，只是在偶尔看到这些家伙时很讨厌他们。想不到，他们变得越来越恬不知耻，在忠厚老实的中国苦力面前耍威风，还喋喋不休地议论中国官员的腐败。这些可怜卑鄙的伦敦佬像饿狼一样想获得横财，所以，没必要和他们讲道理。

孔子说："善人，吾不得见之矣，得见有恒者，斯可也。亡而为有，虚而为盈，约而为泰，难乎有恒矣。"虽然伦敦佬在中国干的"免费捕鱼"的勾当是极为可恶的，但应该负责的是那些"乱臣贼子"，是他们使大不列颠冒牌"帝国主义"的公职服务体系变得残破不堪的。

7 · 26

子钓而不纲，弋不射宿。

【辜译】

有时，孔子去捕鱼，却总是用钓竿和鱼钩，他从不用渔网。有时，他去狩猎，但除了翱翔的鸟，却从来不射其他的鸟。

7 · 27

子曰："盖有不知而作之者，我无是也。多闻择其善者而从之，多见而识之，知之次也。"

【辜译】

有一次，孔子说："或许，有些人会提出自己都不理解的理论。那是我绝不会做的事情。阅读和学习每一件事情，我会采用优秀的部分；我会记录下我看到的任何事，也许，那是次于优秀的智慧。"

7 · 28

互乡难与言，童子见，门人惑。子曰："与其进也，不与其退也，唯何甚！人洁己以进，与其洁也，不保其往也。"

有一个地方由于民众不良品性而被关注。当孔子允许该地的一个年轻人拜访他的时候，他的学生都很惊讶。但是孔子说："为什么要对一个人太过苛求呢？当一个人想要改变来咨询我的建议时，我接受他当下的变化而不去追究他此前的生活。如果发现他现在真的做出了改变，我会感到满意，却不能保证他不会重蹈覆辙。但是为什么要对一个人太过苛刻呢？"

7·29

子曰："仁远乎哉？我欲仁，斯仁至矣。"

【辜译】

随后孔子继续说："道德的生活是遥远和困难的事情吗？如果一个人只要想过道德的生活——随后，他的生活就会变得有道德了。"

7·30

陈司败问昭公知礼乎？孔子曰："知礼。"孔子退，揖巫马期而进之，曰："吾闻君子不党，君子亦党乎？君取于吴为同姓，谓之吴孟子。君而知礼，孰不知礼？"巫马期以告。子曰："丘也幸，苟有过，人必知之。"

【辜译】

当孔子游历到了某一个国家，这个国家的司法大臣陈司败问孔子，孔子故国执政的君主鲁昭公在生活中是不是个讲究礼仪的人。"是的，"孔子回答，"他是这样的人。"

过了一会儿，当孔子离开了，大臣挥手示意孔子的一位学生巫马期靠近，并对他说："我总是被教导，要去相信君子的判断是公正的。但是现在我发现并非如此。你们国家的君主与另一个国家的王室的一位同姓的公主结婚；而且为了掩饰这种无礼的事件，你们的君主在对她的名号上改变了她的姓，而去追求她。发生了这样的事情后，倘若你们的君主还能称为在生活中讲究礼仪的人，还有谁不能被看作是这样的人呢？"

随后，当这位学生把这个大臣所言告诉孔子，孔子说："一旦我犯了错，人们总会知晓它，我很高兴。"

7·31

子与人歌而善，必使反之，而后和之。

【辜译】

当孔子邀请一个人唱歌时，那个人如果唱得好，孔子会再请他唱一次，并且会用自己的声音伴随着他一起唱。

7·32

子曰："文，莫吾犹人也。躬行君子，则吾未之有得。"

【辜译】

孔子说："在有关文学与艺术的知识上，也许，我能与别人相比较。但是一个温良而聪慧的人在他的个人行为中表现出他的信仰——这是我至今还未做好的事情。"

7·33

子曰："若圣与仁，则吾岂敢？抑为之不厌，诲人不倦，则可谓云尔已矣。"公西华曰："正唯弟子不能学也。"

【辜译】

然后孔子继续说："至于作为一个高洁神圣的人，或者甚至一个有道德品质的人——我怎么敢假装这样呢！我竭尽全力地争取如此，并且努力地教导别人去做有道德品质的人——也许，那样可以用来说我了吧。"

学生公西华听到了，于是就说："这就是您的学生，我们难以和您相同的地方。"

7·34

子疾病，子路请祷。子曰："有诸？"子路对曰："有之。《诔》曰：'祷尔于上下神祇。'"子曰："丘之祷久矣。"

【辜译】

有一次，当孔子生病时，一位学生子路问他，可以允许他通过祈祷来让他康复。"这是民风吗？"孔子问。"是的，"学生回答道，"在对逝者的仪式书里写着，'向上面的神灵祈祷，向下面的神灵祈祷。'"

"啊，"孔子随后说，"我的祈祷已经是长的——终身的——一个了。"

7·35

子曰："奢则不孙，俭则固。与其不孙也，宁固。"

【辜译】

孔子说："奢侈导致浪费；节约带来吝啬。但吝啬胜过极度浪费的罪恶。"

7·36

子曰：“君子坦荡荡，小人长戚戚。”

【辜译】

孔子说：“君子是从容冷静且幸福快乐的；愚人总是焦虑和忧愁的。”

7·37

子温而厉，威而不猛，恭而安。

【辜译】

孔子的神情是慈祥且严肃的；他令人尊敬但不严肃；他热情且真诚。

泰伯第八

8·1

子曰："泰伯，其可谓至德也已矣！三以天下让，民无得而称焉。"

【辜译】

孔子谈及那时的王朝周朝久远的创始人泰伯时，说："也可以说，他是一个有最崇高的道德的人。他拒绝了三次帝国的统治权，尽管世上的人不知道这件事，也很少提及他。"

8·2

子曰："恭而无礼则劳，慎而无礼则葸，勇而无礼则乱，直而无礼则绞。君子笃于亲，则民兴于仁；故旧不遗，则民不偷。"

【辜译】

孔子说："真挚却没有判断力会变得迂腐；慎重却没有判断力

会变得懦弱；勇敢却没有判断力会导致犯罪；正直却没有判断力让人专横。倘若一个国家的君子都能热爱他们自己的家人，群众将会提高他们的道德品质；当君子不抛弃他们的旧友，群众的品质就不会变得贪婪。"

8·3

曾子有疾，召门弟子曰："启予足！启予手！《诗》云：'战战兢兢，如临深渊，如履薄冰。'而今而后，吾知免夫！小子！"

【辜译】

孔子的学生曾参在临终前，他叫来了自己的学生，并且对他们说："露出我的双脚；露出我的双手。《诗》中说：'战战兢兢，如临深渊，如履薄冰。'但是现在，我年轻的朋友啊，从此以后，我将要摆脱这些事情彻底自由了。"

8·4

曾子有疾，孟敬子问之。曾子言曰："鸟之将死，其鸣也哀；人之将死，其言也善。君子所贵乎道者三：动容貌，斯远暴慢矣；正颜色，斯近信矣；出辞气，斯远鄙倍矣。笾豆之事，则有司存。"

【辜译】

在上文的相同的情况下，当一个年轻的宫廷贵族孟敬子来看曾参，这位学生对他说："鸟将要死时，它的叫声是悲惨的；人将要死时，他的话是真实的。"

"当前，一个君子在他的教育中应该思考三件至关重要的事情。在他的行为上，他渴望摆脱激动与随意；在他的神情表达上，他追寻激发信任感；在他的言语选择上，他旨在避免粗俗和不合理。至于艺术和科学技术细节的知识，他会留给那些专业的人。"

8·5

曾子曰："以能问于不能，以多问于寡；有若无，实若虚，犯而不校，昔者吾友尝从事于斯矣。"

【辜译】

孔子的学生曾参说："他自己是有天赋的人，却尝试向没有天赋的人学习；他自己拥有了大量的信息，却向拥有少量的人去寻求信息；他拥有丰富的思想财富，却表现得好像是贫乏一样；他自己思想深远，却表现得好像他是肤浅的——我曾经有个朋友如此度过了他的一生。"

8·6

曾子说："可以托六尺之孤，可以寄百里之命，临大节而不可夺也。君子人与？君子人也。"

孔子的学生曾参说："当一个孤儿王子——他师傅的孩子——的性命可以依靠、委托这个人照顾的时候，或将整个王国的安全可以给他掌管的时候——任何生死危急关头的时候，他都不会违背他的承诺——如此一个人我将称其为君子；如此一个人我将称其是完美的君子。"

【辜解】

被山陵覆蔽的湖南省以及长江流域上部相当于中国的"苏格兰高地"。这里的人民具有苏格兰高地人的豪迈、耿直、勤劳节俭但不吝啬的品质。而在汉口以下的长江流域下部，包括安徽和南京，相当于中国的"苏格兰低地"。这里的人民具有苏格兰低地人的精明、机灵，是讲实惠的生意精，不过，他们也有吃苦耐劳、贪婪吝啬的性格。比如李鸿章就是如此，精明、机灵，但又极其吝啬。但是，整体来看，长江流域的人民和苏格兰人一样能吃苦，都是坚毅勇敢的。

在某种意义上，刘坤一在中国政坛的地位与英国的威灵顿公爵相当。他跟威灵顿公爵一样，只是一个军人，没有什么学识。不过，刘坤一是中国的苏格兰高地人，而威灵顿公爵是苏格兰低地人。孔子说："刚、毅、木、讷，近仁。"1900 年，义和团运动爆发了，清政府在列强攻占大沽口后被迫向八国联军宣战。这时刘坤一致电朝廷，认为向八国联军宣战的决定是错误的，因为会给百姓带来战争的恐怖。不过，他依然效忠皇太后和皇帝，不论获胜还是落败，他都将誓死捍卫大清的荣耀和尊严。孔子的学生曾子说："可以托六尺之孤，可以寄百里之命，临大节而不可夺也。君子人与？君子人也。"所以，刘坤一也算得上是一个君子了。

8·7

曾子曰："士不可以不弘毅，任重而道远。仁以为己任，不亦重乎？死而后已，不亦远乎？"

【辜译】

孔子的学生曾参说："一位受过教育的君子在性格上不可能没有坚韧和果敢。他生命的责任是重大的，路途遥远。他有责任让自己过道德的生活，这难道不是责任重大吗？他必然持之以恒直至死亡，这难道不是路途遥远吗？"

8·8

子曰："兴于《诗》，立于礼。成于乐。"

【辜译】

孔子说："在教育中，情感可以通过研究诗歌而唤醒；判断力可以通过研究艺术而形成；而品质可以通过研究音乐而培育。"

【辜解】

孔子不是让学生死记硬背《论语》，强硬地让他们遵守道德准则，而是通过活的情感来启示、激发他们，进而他们就会自然地遵守道德准则。

马修·阿诺德在谈到荷马及其诗歌蕴涵的高贵品质时说："荷马诗歌以及少数文学伟人的作品的高贵品质，就是能够净化蒙昧的人，能够改造他们。"中国学校教育会去引导学生思考美好和丑陋的区别问题，进而激发学生喜爱善的言行，厌恶恶的言行，这便是中国教育的最终目的。

8·9

子曰："民可使由之，不可使知之。"

【辜译】

孔子说："普通百姓，应该教育他们可以做什么，而不应该询问他们为什么这样做。"

【辜解】

中国宋代的评论家程颐曾这样评论："孔子说，不是因为他不想让百姓明白，而是因为不可能让百姓明白。但是，如果有人认为孔子不想让百姓明白，那就是说孔子可能会用耶稣会教义的把戏来统治人民，正如有些近代的统治一样，这样的假设是非常荒谬的。"

歌德在晚年时，不相信马丁·路德使欧洲的文明发生了倒退，因为他呼吁群众对他们无法正确感受的事情做判断。现代民主的真实基本原则，从另一方面看，也包含在孔子的言论之中：大畏民志，即极为惧怕民众的意愿。

8·10

子曰："好勇疾贫，乱也。人而不仁，疾之已甚，乱也。"

【辜译】

孔子说："厌恶贫穷的勇士，必定会做出犯罪的活动；倘若厌恨太多，一个没有道德品性的人，也必定会做出犯罪活动。"

8·11

子曰："如有周公之才之美，使骄且吝，其余不足观也已。"

【辜译】

孔子说："一个人虽然可能具有像我们的周公那样令人称赞的能力，但倘若他傲慢和吝啬，那你不需要考虑他思想中的其他品格了。"

8·12

子曰：“三年学，不至于谷，不易得也。”

【辜译】

孔子说：“一个人经过三年的自我学习却没有得到提升，这是很少见的。”

8·13

子曰：“笃信好学，守死善道。危邦不入，乱邦不居。天下有道则见，无道则隐。邦有道，贫且贱焉，耻也；邦无道，富且贵焉，耻也。”

【辜译】

孔子说：“一个人坦率真诚、有教养，并且至死都坚定不移地走在诚实的道路上，这样的人不应该为一个国家处于变革状态中的政府服务，也不应该为一个国家实际上混乱的政府服务。当世界的政治公正且有序时，他应该广为人知；但是当世界的政治缺乏公正和秩序时，他将会鲜为人知。当他自己的国家的政治公正有序时，他会因为贫穷和没有荣耀而感到到羞愧；但是当他自己国家的政治缺乏公正和秩序时，他也会因为富有和荣誉而感到羞愧。”

8·14

子曰："不在其位，不谋其政。"

【辜译】

孔子说："一个没有国家官职的人，绝对不应该为它的政策给出意见。"

8·15

子曰："师挚之始，《关雎》之乱，洋洋乎！盈耳哉。"

【辜译】

孔子谈及当时一位伟大的音乐家师挚的演奏时，说："他演奏的这曲古代的乐章《关雎》，从演奏的音量到结束时和音的撞击与混合都极其精彩。它多么地充盈耳朵呀！"

8·16

子曰："狂而不直，侗而不愿，悾悾而不信，吾不知之矣。"

孔子说："表面上精神饱满但缺少诚实正直；表面上愚钝但缺少谦逊；表面上天真但缺少诚信——我真不知道如何评价这样的人。"

8·17

子曰："学如不及，犹恐失之。"

【辜译】

孔子说："在受教育的学习过程中，你总是想还没有达到你的目标，并且总担心遗失它。"

8·18

子曰："巍巍乎！舜禹之有天下也，而不与焉！"

【辜译】

孔子说："古代帝王舜和禹之所以能到达帝国的政府，是因为他们在高贵的道德上，是那么高尚杰出且伟大卓越。然而他们自己没有意识到它。"

8·19

子曰："大哉尧之为君也！巍巍乎！唯天为大，唯尧则之。荡荡乎！民无能名焉。巍巍乎！其有成功也；焕乎，其有文章！"

【辜译】

孔子说："啊！作为民众的统治者，帝王尧是多么伟大！啊！多么高尚杰出且伟大卓越；尧的高尚的品德只有伟大的上帝才可以与他相比较！多么辽阔无限；民众无法为这样的伟大而命名。他完成的功绩是那么卓越伟大！他所建立的艺术是如此光荣！"

8·20

舜有臣五人而天下治。武王曰："予有乱臣十人。"孔子曰："才难，不其然乎？唐虞之际，于斯为盛，有妇人焉，九人而已。三分天下有其二，以服事殷。周之德，其可谓至德也已矣。"

【辜译】

这个杰出的帝王舜有五位伟大的公务人员而让帝国拥有了安宁。武王说："我有十位伟大的公务人员，他们辅佐我重建帝国的秩序。"

孔子谈到上述事件时评论说："据说古代很难找到有杰出才能的人，这个说法是很正确的。生活在唐（帝王尧的称号）和虞（舜

的称号）统治时期的杰出人才，从未有人能比得上。上面提到的
十位杰出的公务人员中，有一位是女人：那么，实际上只有九位
杰出的男人。"

"后来，周王朝统治帝国的三分之二，仍然还承认殷王朝的统
治权。周王朝早期的帝王们的崇高的道德也可以被认为是完美的。"

8·21

子曰："禹，吾无间然矣。菲饮食，而致孝乎鬼神；恶衣服，
而致美乎黻冕；卑宫室，而尽力乎沟洫。禹，吾无间然矣。"

【辜译】

孔子说："我无法在古代帝王，伟大的禹的品行中发现一点
点缺陷。他在自己的饮食上极为简朴，但在祭祀时他提供的祭品
慷慨大方。他平常的衣服粗糙且破旧，但是当他去祭拜时却穿合
适华丽的衣服。他住的宫殿低矮且窄小，但在有利于人民的公共
建筑上却不惜工本。从以上来看，我不能找到大禹品行上的丝毫
缺陷！"

子罕第九

9 · 1

子罕言利与命与仁。

【辜译】

孔子在言谈中很少讨论利益、宗教和道德。

【辜解】

有一天，我前去拜访张之洞的幕僚汪某，他对我说："你不能打动张之洞大人，是因为你所说的话都是从是非观念出发的。张大人只知道趋利避害而不知大是大非，所以如果你想打动他，就必须从利害上分析。"后来有人把这话传到了张之洞耳中，张之洞大怒，马上把我叫过去问："是谁说我只知道利害而不知道是非的？若我只知道趋利避害，那我能开创出这么大的事业吗？说我趋利，体现在哪里？我追求的是公利，并非私利。私利自然是不能追求的，但公利却是要追求的。"我回答说："从前孔子很少说利，难道孔子说的只是个人私利吗？"张之洞又多方争辩，坚持认为公利和私利是不同的，还要必须追求公利。最后我说："《大学》言：'长国家而务财用者，必自小人矣。'虽然小人也能够让国家发展、增加财物，这不也是公利吗？"张大人只是请我喝茶而不再说话，我当时就告退出去了。

如今听到张之洞大人作古的消息，得知他没有积蓄，没有给子孙后代谋私利，回想起当时争论"公利私利"的问题，不禁叹息数日。

9·2

达巷党人曰："大哉孔子！博学而无所成名。"子闻之，谓门弟子曰："吾何执？执御乎？执射乎？吾执御矣。"

【辜译】

某地有一个人说："孔子当然是个伟人，他拥有渊博的学识，但是他不会在任何领域上彰显自己，所以他获得了名誉。"

当孔子听到这样的评价后，对他的学生们说："现在，我又该如何去彰显自己呢？我应该用御术呢，还是应该用射术呢？我想我会用射术。"

9·3

子曰："麻冕，礼也；今也纯，俭。吾从众。拜下，礼也；今拜乎上，泰也。虽违众，吾从下。"

【辜译】

孔子说："戴亚麻的帽子曾经被认为是高品位的，但现在人们通常戴丝绸的帽子。后者价格低，因此我遵循普遍的习惯。从屋子较低的一边进屋时弯腰行礼，这曾被认作是正确的礼法，但是现在的做法是从高的一边进屋后再弯腰行礼。而且后者的习惯太放肆了，因此我依旧坚持从较低的一边进屋时弯腰行礼。"

9 · 4

子绝四：毋意，毋必，毋固，毋我。

【辜译】

孔子完全不做的四件事情：绝不利己主义、绝不先入为主的偏见、绝不固执狭隘、绝不自我主义。

9 · 5

子畏于匡。曰："文王既没，文不在兹乎？天之将丧斯文也，后死者不得与于斯文也；天之未丧斯文也，匡人其如予何？"

【辜译】

有一次，孔子在某地害怕人们的暴力威胁对他的人身安全造成不安时，他对那些讨论自己的人说："不要担心，文王的死，难道不就是我们现在的这个文明的起源吗？假如上天要摧毁世界上全部的文明，就不会让后代平凡的人去知晓这种文明；但如果上天不想摧毁世上全部的文明——此地的人又能怎样对我呢？"

9·6

太宰问于子贡曰："夫子圣者与？何其多能也？"子贡曰："固天纵之将圣，又多能也。"子闻之，曰："太宰知我乎！吾少也贱，故多能鄙事。君子多乎哉？不多也。"牢曰："子云：'吾不试，故艺。'"

【辜译】

有一个国家的部长问孔子的学生子贡，说："你们的老师是一位圣人，对不对？他好像懂得特别多。"子贡回答："上天对他慷慨大方，使他成为一位圣人，还让他多才多艺。"

后来，孔子听到这个谈话，说："这个部长对我有了解吗？我年轻的时候，出身低下，因此要学习各种知识；但是这些东西仅仅是生活中的琐事而已。你认为君子需要很多知识来充实自己吗？不，他不需要。"

有一次，学生子牢也说："我听老师说过，'我不曾被国家重用，因此我有时间去学习更多的技艺。'"

9·7

子曰："吾有知乎哉？无知也。有鄙夫问于我，空空如也。我叩其两端而竭焉。"

【辜译】

孔子曾对某人说："你以为我有出色的理解力吗？我并没有出色的理解力。当一个普通人在一个问题上询问我的意见时，我自己对这个问题竟然毫无想法；但是从利弊两方面提出问题，我可以找到它的本质。"

9·8

子曰："凤鸟不至，河不出图，吾已矣夫！"

【辜译】

有人曾经听到孔子的感叹："啊，我真苦恼，无论是天上或者是地上，我都看不到结束现在这种混乱、无政府的状态，进而我们能创造出世界的新秩序的迹象。"

9·9

子见齐衰者、冕衣裳者与瞽者，见之，虽少必作；过之，必趋。

当孔子遇到身穿深色丧服的人、身着整套礼服的官员或一个盲人的时候，尽管这样的人比他年轻，他总是站起来，而倘若走过他们时，他会恭敬地加快步伐。

9·10

颜渊喟然叹曰："仰之弥高，钻之弥坚，瞻之在前，忽焉在后。夫子循循然善诱人，博我以文，约我以礼，欲罢不能。即竭吾才，如有所立卓尔。虽欲从之，末由也已。"

【辜译】

一个学生，孔子最喜爱的颜回，赞叹孔子的教学方式，说："我越是仰望，它就越是显得高深。我越是试着去参透它，它好像就越难以琢磨。当我觉得已经掌握它时，只是它的一部分，但是老师清楚地知道如何去一步一步地引导人们。他能够用渊博的艺术学识开拓我的思维，同时引导并较正我的判断力和鉴赏力。因此，我才不会停止进步，即使我想。但是当我竭尽我的努力想去靠近它，而目标依然清晰明确地站在我遥不可及的前方，无论如何努力，我依旧无法接近它。"

【辜解】

孔子是一个真正的中国人，体现了中国文明的成就。在有生之年，孔子的学生对孔子有一种类似于宗教般狂热的敬仰和崇拜。在他死后，研究并理解他的那些伟人也有同样的敬仰和爱戴。但在孔子生前和死后，中国的大众并不像阿拉伯人赞美崇拜穆罕默德或者像西欧百姓赞美崇拜耶稣那样，并没有狂热地崇拜赞美孔子。所以，孔子不是一个真正的宗教创立者。

9·11

子疾病，子路使门人为臣。病间，曰："久矣哉！由之行诈也，无臣而为有臣。吾谁欺？欺天乎？且予与其死于臣之手也，无宁死于二三子之手乎？且予纵不得大葬，予死于道路乎？"

【辜译】

有一次，孔子病得很严重，他性情刚勇的学生仲由，为防止病人去世，就安排每个学生承担起在贵族家中的家务官员的职责。当孔子知道了这位学生所做的事，在他的病情缓和时说："我观察很久了，由（仲由）会做一些自我欺骗的行为。当我没有公务职位时，假装我有；我要去欺骗谁？难道要我去欺骗上帝吗？此外，我死在你们的臂膀里，我的朋友们，不比死在冷漠无情的官员臂膀里好吗？再者，即使我不按照公众的葬礼来埋葬，难道我会被留在公共的大路上吗？"

9·12

子贡曰："有美玉于斯，韫椟而藏诸？求善贾而沽诸？"子曰："沽之哉！沽之哉！我待贾者也。"

【辜译】

学生子贡曾经对孔子说："在这里有一颗美丽的宝石，我是把它放在盒子里不管不顾呢，还是找一个商人把它卖掉呢？""一定要卖掉它，"孔子回答，"一定要卖掉它，但是倘若我是你，我会等有人给出价格再出售。"

9·13

子欲居九夷。或曰："陋，如之何！"子曰："君子居之，何陋之有！"

【辜译】

有一次，孔子说他将要去东方去的野蛮部落生活。"你到那里去，"有人对他说，"会觉得那里缺乏教养。""生活在有聪慧而温良的人的地方，"孔子回答，"是不会缺少教养的。"

9·14

子曰："吾自卫反鲁，然后乐正，《雅》《颂》各得其所。"

【辜译】

孔子说："当我最后结束游历回到我的祖国时，我完成了改编国乐的任务，使《风》《雅》《颂》里面的诗歌和赞美诗，每一篇都整理在书中合适的地方。"

9·15

子曰："出则事公卿，入则事父兄，丧事不敢不勉，不为酒困，何有于我哉？"

【辜译】

孔子说："在公务生活中，尽职尽责地为自己的贵族及国君服务；在个人生活中，尽职尽责在为自己的家族成员服务；在葬礼的事务上不辞劳苦，以防止任何事情被忽略；在饮酒时，能够挡住过量饮用的诱惑——对于我说的这些事情，我能做到哪些了呢？"

9·16

子在川上，曰："逝者如斯夫！不舍昼夜。"

【辜译】

孔子曾经站在一条河边，说："自然的万物都像这样消逝——无论昼夜，永不停息！"

9·17

子曰："吾未见好德如好色者也。"

【辜译】

孔子曾说："我现在见不到一个人可以像男人热爱女人的美貌一样，去热爱人的道德品质。"

9·18

子曰："譬如为山，未成一篑，止，吾止也；譬如平地，虽覆一篑，进，吾往也。"

【辜译】

孔子说："倘若有人想堆起一座土丘，而当它只差一篮子的土就可以竣工时，假设他突然停下，这个停止完全也取决于他自己。再假设一个人想平整一条道路，尽管只是扔了一篮子的土在上面；继续工作也完全取决于他自己。"

9·19

子曰："语之而不惰者，其回也与！"

【辜译】

孔子评价他的学生，他最喜爱的颜回时，说："他是唯一一个和我谈话时从不疲惫和厌倦的人。"

9·20

子谓颜渊，曰："惜乎！吾见其进也，未见其止也。"

【辜译】

孔子评价同一个学生颜回时，说："唉，他死了！我注意到了他不断进步；我从未看到他停止进步。"

9·21

子曰："苗而不秀者有矣夫！秀而不实者有矣夫！"

【辜译】

孔子谈及他的很多学生从事的职业时，他曾说："有的人只是发芽，但却没有开花；有的人只是开花了，但没有结出成熟的果子。"

9·22

子曰："后生可畏，焉知来者之不如今也？四十、五十而无闻焉，斯亦不足畏也已。"

【辜译】

孔子说："年轻人应该被尊重，我们怎么知道他们未来不如我们现在一样好呢？只有一个人在四五十岁时，仍然没有做出任何让自己出名的事情，他就不值得被尊敬了。"

9·23

子曰："法语之言，能无从乎？改之为贵。巽与之言，能无说乎？绎之为贵。说而不绎，从而不改，吾末如之何也已矣。"

【辜译】

孔子说："倘若你用严谨的法律用语与人交谈，他可能会赞同你；但重点是他应该在与你的谈话中受益，从而改变他的行为习惯。倘若你给人讲寓言故事，他可能很乐意听你的故事；但重点是他应该运用道德的寓意在他自己的身上。现在，当我发现一个人赞同我的话，却不能从中受益而改变他的行为习惯，或者乐意听我的寓言故事，却不能将运用道德的寓意在他自己的身上——我对这样的人也无能为力啊！"

9·24

子曰："主忠信，毋友不如己者，过则勿惮改。"

【辜译】

孔子说："责任和真诚应当是你的第一准则。不交与你不同的朋友。如果有了坏习惯，就应立即去改正它。"

9·25

子曰："三军可夺帅也，匹夫不可夺志也。"

【辜译】

孔子说："一支军队可以失去将军，但是不可以剥夺一个普通人的自由意志。"

9·26

子曰："衣敝缊袍，与衣狐貉者立，而不耻者，其由也与？'不忮不求，何用不臧？'"子路终身诵之。子曰："是道也，何足以臧？"

【辜译】

孔子评价他的学生，性情刚勇的仲由，说："穿着一套土气破旧的粗布衣服，站在一群穿着昂贵皮毛的人中间但不觉得羞耻——那就是由（大家所熟知的这个学生的名字）：从不嫉妒，从不贪婪，他的行为，真的良好。"

此后，刚勇的仲由不断地重复那两行诗句，孔子说："只是那样就不是真的好了。"

9·27

子曰："岁寒，然后知松柏之后彫也。"

【辜译】

孔子说："当寒冷的冬天来到时，你才会知道松树和柏树最后才会失去它们的绿意。"

9·28

子曰："知者不惑，仁者不忧，勇者不惧。"

【辜译】

孔子说："聪明的人免于困惑，道德高尚的人免于焦躁，勇敢的人免于担忧。"

9·29

子曰："可与共学，未可与适道；可与适道，未可与立；可与立，未可与权。"

【辜译】

孔子说："有些人，你可以和他分享你实际的事情，但是他们不会像你一样掌握原理。有些人可以跟着你掌握特定的原理，但是他们不能像你一样掌握普遍的原理。有些人可以随着你懂得普遍的原理，但他们却不能在特定的环境中运用普遍的原理。"

【辜解】

天下之事，明白道理不是最难的，重要的是要知道如何运用这些道理。所以，权衡应变就显得极为重要。比如治水，土能克水是众所周知的道理，如果只知道用拥堵防御的方式治理水患，水会越聚越多，难免会河流决堤，这就是治水者只知道事理而不知道权变。知道权变的人会因时因地进行疏通引导，根据具体情况采取不同的对策，不拘泥于既定的方法，这就是知道如何运用道理。

9·30

"唐棣之华，偏其反而。岂不尔思？室是远而。"子曰："未之思也，夫何远之有？"

【辜译】

"繁茂的唐棣花，婀娜多姿，摇摇摆摆；是我不想你吗，爱人？你的家门如此遥远！"

在反复诵读这几行诗句时，孔子说："那是因为人们没有在真正地想，否则为什么会遥远呢？"

乡党第十

10·1

孔子于乡党，恂恂如也，似不能言者。其在宗庙朝廷，便便言，唯谨尔。

【辜译】

孔子在他的家庭生活中是腼腆而胆怯的，似乎是一个不善言辞的人。然而在公共生活中，在官场及会议上，孔子总是侃侃而谈，且深思熟虑。

10·2

朝，与下大夫言，侃侃如也；与上大夫言，訚訚如也。君在，踧踖如也，与与如也。

在官场上，和下级官员交谈时，他的言语坦诚；而和上级官员交谈时，他说话沉着冷静；在君主面前时，他看上去胆怯，敬畏，却镇静。

10·3

君召使摈，色勃如也；足躩如也。揖所与立，左右手，衣前后，襜如也。趋进，翼如也。宾退，必复命曰："宾不顾矣。"

【辜译】

当他的君主要求他送宾客出去时，他就会庄重地站起来，恭敬地接受命令；然后，向左右两旁的大臣们鞠躬行礼并整理他官服上的褶皱。他会加快步伐从容不迫地走出去，高贵且自在。当外宾离开后，他会返回自己的位置，简要地告知："客人已经离开了。"

10·4

入公门，鞠躬如也，如不容。立不中门，行不履阈。过位，色勃如也，足躩如也，其言似不足者。摄齐升堂，鞠躬如也，屏气似不息者。出，降一等，逞颜色，怡怡如也。没阶，趋进，翼如也。复其位，踧踖如也。

【辜译】

在进入宫殿的时候，他会在门口弯下腰，像门不够高他无法进入一样。在官殿里，他从不正对着门站着，也不会踩着门槛进门。进入觐见的大厅时，他会庄重地站着并且轻声细语。然后，提起官服的袍边，向通往君主座位的台阶走去，弯下身体，屏住呼吸，就像害怕呼吸一样。觐见之后，当他走下君主座位的第一个台阶，他的表情就会放松，并呈现出常态。走下最后的几个台阶，他会轻松而优雅地加快步伐，返回自己在朝臣中的位置，看起来敬畏而庄重。

10·5

执圭，鞠躬如也，如不胜。上如揖，下如授。勃如战色，足蹜蹜，如有循。享礼，有容色。私觌，愉愉如也。

【辜译】

当他一定要拿着君主的权杖时，他会弯腰，就像这个权杖对他来说过于沉重一样；他不会把权杖放置得高过额头，也不会低过胸口，神情敬畏且庄重，步伐缓慢且整齐。

在派遣他出使国外朝廷公开的接待场合时，他表现得高贵优雅。而在一些私下的场合会谈上，他的举止则是亲切且有趣的。

10 · 6

君子不以绀緅饰，红紫不以为亵服。当暑，袗绤绤，必表而
出之。缁衣羔裘，素衣麑裘，黄衣狐裘。亵裘长，短右袂。必有
寝衣，长一身有半。狐貉之厚以居。去丧，无所不佩。非帷裳，
必杀之。羔裘玄冠不以吊。吉月，必朝服而朝。

【辜译】

孔子认为，作为一个绅士必须在衣着上留意以下细节：

一个绅士绝对不应该被看到他的服装任何地方有深红色或者
鲜红色；即使是内衣，他也应该避免一切红色或发红的颜色。

夏天，在穿一件单薄的纱衣或者亚麻的衣服时，他总会在下
面再穿一件贴身衣物。冬天，他会在用黑衣配羊羔皮，用浅色衣
服配幼鹿皮，用黄色衣服配狐狸皮。他用毛皮制作的内衣应该长
一些，右边的袖子稍微短一些。他应该经常更换睡衣，睡衣也应
当与他身高相符。

冬天在家，他应该穿狐狸皮或者獾皮的衣服。只要不办丧事，
他可以在衣服上佩戴任何装饰品或配件。除非在正式的场合，把
衬衣当作围裙（就像现在的共济会成员），他总会剪去多余的部分。

哀悼时，他绝对不穿羊糕皮的衣服或者戴深蓝色帽子。每个
月的第一天，去朝堂时，他总会穿上整套的朝服。

10 · 7

齐，必有明衣，布。齐，必变食，居必迁坐。

【辜译】

在斋戒时，他会专心祈祷，他总会穿一套明亮干净的简朴的衣服。在这样的时期里，他改变平时的饮食，并且搬出平日居住的起居室。

10 · 8

食不厌精，脍不厌细。食饐而餲，鱼馁而肉败，不食。色恶，不食。臭恶，不食。失饪，不食。不时，不食。割不正，不食。不得其酱，不食。肉虽多，不使胜食气。惟酒无量，不及乱。沽酒市脯不食。不撤姜食，不多食。祭于公，不宿肉。祭肉不出三日。出三日，不食之矣。食不语，寝不言。虽疏食菜羹，瓜祭，必齐如也。

【辜译】

以下是孔子在饮食方面需要遵守的一些细节：

在他的食物上，他习惯好好清洗大米，炖肉的时候，把肉切得很小块。如果大米受潮损坏，或者变得酸烂，他不会食用；也不吃变质的鱼或肉。他不会去食用有腐败颜色或味道的任何食物；也不吃烹煮坏了或者不符合时令的任何食物。倘若肉切得不好，他也不会去吃，任何菜品，没有适合的酱料，他也不会食用。

尽管有很多的肉摆在桌上，但是他绝不允许自己吃肉量超过他所吃米饭量的恰当比例。只有饮酒，他不会给自己设限，但从不喝得过量。

他不吃从露天售卖的地方买回来的酒和肉。他总是会在桌上准备生姜。他从不过量饮食。

公共祭祀后，他从不让自己收到的肉过夜。家里祭祀用的肉，他从不保留超过三天；倘若超过了三天，他绝不会再食用。

在餐桌上吃饭时他不会去讲话，躺在床上时他也不会去聊天。尽管餐桌上的食物很简单，他总是会在用餐前做祈祷。

10·9

席不正，不坐。

【辜译】

日常生活里，除非将用作垫子的席子正确且规整地放好，否则他是不会去坐的。

10·10

乡人饮酒，杖者出，斯出矣。乡人傩，朝服而立于阼阶。

乡党第十

143

【辜译】

当在他的家乡举办公共的宴席时，一旦年长的人离开，他也会离席。在他的家乡的上巳节时，村民路过他的家，他总会穿着整套的礼服，站在他的家门口的台阶上，而且是在房屋的左侧。

10·11

问人于他邦，再拜而送之。康子馈药，拜而受之。曰："丘未达，不敢尝。"

【辜译】

他有时候会委托别人带信问候在其他国家的一位朋友的身体状况，他总是会在带信的人离开时向他鞠躬致谢两次，并把他送到门口。

有一次，孔子故国当政的贵族季康子，给他送了一些药材作为礼物，他恭敬地接受，但是对使者说："请告诉你的主人，我不了解这些药的功效，因此我不敢服用它。"

10·12

厩焚。子退朝，曰："伤人乎？"不问马。

【辜译】

有一次，当孔子刚从朝廷觐见回到家后，听说政府的马厩着火了，他先问："有人受伤吗？"他没有问马匹的情况。

【辜解】

最近某地发生了一起事故，朝廷内外的那些重要人物都发电报询问："羊受伤了没有？"而没人问百姓有没有事。我认为，如今中国的局面，外来势力没有那么可怕，国内那些想造反的百姓才是可怕的。那些百姓想造反的原因有两个：一是饥饿，二是怨恨。想要在短时间内让老百姓不再挨饿受冻，谈何容易，所以较容易的办法是让老百姓不再心存怨恨。如今百姓饱受饥饿，是新政闹的；而百姓心中怨恨，则与新政无关。百姓并不是怨恨新政，而是怨恨那些实施新政的官员们。朝廷如今认识到了新政扰民，却依然大力施行新政，无非是为了保民，而不是为了保护外来势力和大臣们的官位。如果全国上下都能明白实行新政的目的，在实行新政时处处以保民为本心，百姓即使因为饥饿而死，他们又怎么会怨恨呢？孟子说："以生道杀民，虽死不怨杀者。"说得就是这个道理。

10·13

君赐食，必正席先尝之；君赐腥，必熟而荐之；君赐生，必畜之。侍食于君，君祭，先饭。疾，君视之，东首，加朝服，拖绅。君命召，不俟驾行矣。

【辜译】

当君主送给他一份烹饪好的肉作为礼品时，他总是将它得体地放在桌上，他会先自己品尝，再给其他人品尝。当君主送给它一块生肉作为礼物时，他会烹饪好它，然后首先把它献到祖先牌位前作为祭品。当君主送他一只活着的动物，他一定会饲养它。

当他荣幸地和国君同席用餐时，君主祈祷完之后，他会首先尝一下食物。

当他生病君主来看望他时，他会将头朝向东躺着，并将朝服盖在身上，把束带穿过朝服。

当他接到君主的传召时，他不等车到就立刻步行过去。

10·14

入太庙，每事问。

【辜译】

当孔子在国家寺庙（执政的天子祭奉祖先的寺庙）任职的时候，在每一个祭祀的环节中，他总是询问自己该做什么。

10·15

朋友死，无所归，曰："于我殡。"朋友之馈，虽车马，非祭肉，不拜。

当孔子的任何一个朋友去世但没有亲属给其举办丧事时，孔子会说："让我来：我埋葬他。"当朋友送给孔子礼物，尽管这些可能是车辆和马匹，孔子不会在接受礼物时鞠躬致敬。唯一可以让孔子在收礼时鞠躬致敬的礼物，是祭祀时的祭肉。

10·16

寝不尸，居不客。见齐衰者，虽狎，必变。见冕者与瞽者，虽亵，必以貌。凶服者式之，式负版者。有盛馔，必变色而作。迅雷风烈，必变。

【辜译】

在床上，他从未被看到过像尸体一样躺得笔直。在家的日常生活中，他从不拘泥于礼仪。

当遇到穿着深色丧服的人，即使可能很熟悉这个人，他总会神情严肃且庄重。当遇到穿着整套朝服的官员或者一个盲人，即便他自己可能穿着便装，他也总会表现得恭敬且慎重。

当驾车偶遇一队出殡的队伍，他总会伸出头到马车外面去行礼。他会以相同的礼仪对待运送死亡数据返回的队伍。

宴会时，当用盛大的仪式将菜品送到餐桌上，他会神情严肃，并站起来感谢主人。

突然雷电轰鸣或者狂风肆虐，他的神情会庄严肃穆。

10·17

升车，必正立执绥。车中，不内顾，不疾言，不亲指。

【辜译】

将要登上马车时，他会站在恰当的位置，手里抓着缰绳。坐在马车里，他会目视前方，不会回头。他讲话不会很快或者用手指指向各处。

10·18

色斯举矣，翔而后集。曰："山梁雌雉，时哉！时哉！"子路共之，三嗅而作。

【辜译】

当他们转头看到它时，它立刻飞了起来，盘旋在空中，然后又下来栖息。有人赞叹："啊！野鸡落在山上了！啊！野鸡落在山上了！你懂得时机啊！只有你懂得时机啊！"孔子的学生，那位性情刚勇的仲由，重复念了三次，他突然明白了这句话的含义，感叹了一声，起身离开了。

先进第十一

11·1

子曰："先进于礼乐，野人也；后进于礼乐，君子也。如用之，则吾从先进。"

【辜译】

孔子说："前一代的人，在艺术和教养这些方面被认为是粗糙简陋的；而现代的人在这些方面被认为是比较优雅的。但在我看来，我更偏向于上一代的人。"

11·2

子曰："从我于陈、蔡者，皆不及门也。"德行：颜渊，闵子骞，冉伯牛，仲弓。言语：宰我，子贡。政事：冉有，季路。文学：子游，子夏。

【辜译】

孔子在晚年时说：“我前几年周游列国时，那些跟随着我，并且与我共同面对困难的人，现在都不在我周围了。”

“在信仰和品行方面杰出的人有颜渊（颜回）、闵子骞（悯损）、冉伯牛（冉耕）、仲弓（冉雍）；在能言善辩方面杰出的人有宰我和子贡；在行政管理方面杰出的人有冉有和季路（子路）；以追求文学而出名的人有子游和子夏。”

11·3

子曰：“回也非助我者也，于吾言无所不说。”

【辜译】

孔子谈及他最喜爱的学生颜回时，说：“这个回（那位学生令人熟知的名字），他从来没有给我任何帮助。在我和他交谈时，他都不会表现出任何不满意。”

11·4

子曰：“孝哉闵子骞！人不间于其父母昆弟之言。”

【辜译】

孔子评价另一位学生闵子骞时，说："他的确称得上孝子。人们没有在他身上发现有一点和父母对他的评价不一样的地方。"

11·5

南容三复白圭，孔子以其兄之子妻之。

【辜译】

孔子的学生南容（南宫适），喜爱重复咏诵这几句诗："石头的斑点可以被打磨消失，而说错的话却永久流传。"

孔子将自己的侄女许配给了他。

11·6

季康子问："弟子孰为好学？"孔子对曰："有颜回者好学，不幸短命死矣，今也则亡。"

【辜译】

孔子的故国有一位当权的贵族季康子，他问孔子，哪位学生拥有真正渊博的学识。

孔子回答："原来有颜回；他是个有真才实学的人。但不幸的是，他英年早逝。现在没有人像他一样啊！"

11 · 7

颜渊死，颜路请子之车以为之椁。子曰："才不才，亦各言其子也。鲤也死，有棺而无椁。吾不徒行以为之椁。以吾从大夫之后，不可徒行也。"

【辜译】

当最喜爱的学生颜回去世后，颜回的父亲乞求孔子卖掉他的马车去给颜回买一副外棺再埋葬他。

孔子回答："无论是有才能还是无才能，对一个人来说自己的儿子总是与别人的儿子不一样的。我的儿子去世时，他也只是用一副简单的没有外壳的棺材被埋葬的。现在，我不能为了给你的儿子买一副外棺而走路出门。因为我还有国家议会中任职的头衔，我不被允许走路出门呀。"

11 · 8

颜渊死。子曰："噫！天丧予！天丧予！"

【辜译】

当孔子最开始听到他最喜爱的学生颜回去世的消息时，孔子悲伤得呼喊："噢！老天要遗弃我啊！老天要遗弃我啊！"

11·9

颜渊死，子哭之恸。从者曰："子恸矣。"曰："有恸乎？非夫人之为恸而谁为！"

【辜译】

当孔子最喜爱的学生颜回去世时，他悲伤得号啕大哭，周围的人都安慰他："先生，您过度悲伤了啊！"

"是吗？"孔子回答，"但如果我不这么悲伤地对他，谁还能让我过度悲伤呢？"

11·10

颜渊死，门人欲厚葬之，子曰："不可。"门人厚葬之。子曰："回也视予犹父也，予不得视犹子也。非我也，夫二三子也。"

【辜译】

当孔子最喜爱的学生颜回去世后，孔子的其他学生提议给他办一场盛大的葬礼。但是孔子说："不要因为我的缘故，就这样做。"

尽管如此，学生们还是给他办了隆重的葬礼。孔子随后对学生们说："回（这个最喜爱的学生令大家熟知的名称）就像对待父亲一样对待我，我却没有像对待儿子一样对待他。这错不在我。唉！先生们，这是你们的错啊！"

11·11

季路问事鬼神。子曰："未能事人，焉能事鬼？"曰："敢问
死。"曰："未知生，焉知死？"

【辜译】

一位学生（性情刚勇的子路）询问，一个人该如何对待死者的
灵魂。孔子回答道："我们对生者没有尽到责任，为什么要询问对
死者的责任呢？"这位学生继续询问有关死亡的问题。孔子回答：
"我们尚且不了解如何活着，我们为什么要询问关于死的问题呢？"

11·12

闵子侍侧，訚訚如也；子路，行行如也；冉有、子贡，侃侃
如也。子乐。"若由也，不得其死然。"

【辜译】

有一次，学生们站在孔子旁边照料他时，一位学生（闵子骞）
冷静且从容不迫。性情刚勇的仲由笔直地站着，气势豪迈。其他两
个学生（冉有、子贡）率真且温和。看着他们，孔子非常高兴。然
而，他说："由（仲由的名字）在这儿，我担心他不会自然地死去。"

11·13

鲁人为长府。闵子骞曰："仍旧贯，如之何？何必改作？"子曰："夫人不言，言必有中。"

【辜译】

孔子故国的一个党派建议修建一座新的政府大楼。孔子的学生闵子骞说："为什么不改造一下旧有的楼，从而使它适应现在的状况呢？为什么要建新的楼呢？"

"那个人，"孔子评价那位学生，"很少说话；但是他每次说的话，总会击中要害。"

11·14

子曰："由之瑟奚为于丘之门？"门人不敬子路。子曰："由也升堂矣，未入于室也。"

【辜译】

孔子曾经斥责他的学生，那个性情刚勇的仲由，说，"不允许吹奏喇叭的那个人进来我家。"此后其他的同学开始轻视仲由。于是孔子说："在学习方面，那个人已经入门了，但还未沉入其中！"

11·15

子贡问：“师与商也孰贤？”子曰：“师也过，商也不及。”曰：“然则师愈与？”子曰：“过犹不及。”

【辜译】

孔子的一位学生子贡，他提问其他两个学生哪一个更优秀。孔子回答：“一个已经超过了要求，另一个还未到要求。”“那么，”学生回答，“前一个比后一个优秀了。”“不，”孔子回答，“超过了要求恰好和没有达到要求同样不好。”

【辜解】

在我看来，德国人因为对正义的热爱，对非正义、对混乱无序的深切憎恨，才使他们信任和崇拜强权。但当憎恨超过一定的限度后，就会变成可怕的非正义，就会造成混乱和无序，这比非正义还要罪孽深重。所以，这种过分的爱就会导致过分的憎恨，对非正义的过分憎恨甚至会毁灭国家。比如，古希伯来人热爱正义导致对非正义的过分憎恨，结果毁灭了以色列国。基督想把他的人民从过于强烈的、狭隘的、刻板的对非正义的憎恨中拯救出来，告诫他的人民说：“要记住，我是和善谦卑的，要给你们的心灵带来安宁。”但犹太人没有听他的话，还把他钉死在十字架上，结果犹太国走向了灭亡。等罗马人主宰欧洲文明时，耶稣说：“拿剑的人会和剑一起毁灭！"但罗马人也没有听从，并赞同犹太人钉死他，结果，罗马帝国和欧洲古文明也一起走向了灭亡。

11·16

季氏富于周公，而求也为之聚敛而附益之。子曰："非吾徒也。小子鸣鼓而攻之，可也。"

【辜译】

孔子故国的贵族中最有权势家族的首领季孙氏，他积累了大量的财富。孔子的一个为这位贵族服务的学生冉有，他凭借自己的社会地位，苛刻地向百姓征税，因此来增加他的主人的财富。"他绝对不再是我的学生，"提到上文的这个学生，孔子向其他的学生宣称，"大声传播出去吧！我的孩子们，一起攻击他吧！"

11·17

柴也愚，参也鲁，师也辟，由也喭。

【辜译】

孔子提及他的四个学生时，说："一个愚笨；一个迟钝；一个徒有其名；一个粗俗无礼。"

11 · 18

子曰："回也其庶乎，屡空。赐不受命，而货殖焉，亿则
屡中。"

【辜译】

孔子提及最喜爱的学生颜回和另一位学生子贡时，说："回
（颜回的名字），他作为一个人，几乎是完美无缺的；然而，他的
生活总是陷入贫困。而另一个人甚至没有信仰；但是他的财产却
不断增加。不过，在判断事情上，后者经常是正确的。"

11 · 19

子张问善人之道。子曰："不践迹，亦不入于室。"

【辜译】

孔子的一位学生询问，怎么才能被认为是一个诚实的人。"一
个诚实的人，"孔子回答道，"既不会虚伪地说教，也不会谎称信
奉密教。"即，有关任何信仰的秘密。

【辜解】

朱熹解释说:"好的人本质上就是好的,不需要刻意去学习。"并引用程颐的话:"践迹就是按照既定的规则行事,好人虽然不一定因循守旧,但也不会去作恶。"我认为,"践迹"是指做善事并不是发自内心,只是做到了表象,这也正是宋代文人嘴里常说的"客气"。比如《论语》里的"有事,弟子服其劳;有酒食,先生馔",并不是真正的孝,不过是"践迹"的表现罢了。曾参曾经评论子张说:"子张看着堂堂正正,实际很难与仁相并列。"朱熹也认为,一心追求好的外表,反而想学圣人的道义,学习必然不能深入,只会流于"践迹"。所以,当子张向孔子请教怎样做一个善人时,孔子的回答是:"不践迹。"因为若是为了学习圣人之道而一味地"践迹",想要做一个好人都不可能,更不要说做一个圣人了。

后来,荀子也学习圣人之道,他的学问总体上是不错的,但也有小瑕疵,根本原因是他过于追求外部的表现。苏东坡就认为荀子为人刚愎自用,不谦虚。这也是荀子自高自大的一个例证。苏东坡还评论荀子"明王道、述礼乐",不过,荀子的学生李斯用这门学问乱了天下。唉!学习圣人之道不彻底仅流于表面,竟然造成如此大的祸害。

11·20

子曰:"论笃是与,君子者乎? 色庄者乎?"

【辜译】

随后孔子继续说：“现在的人对他们的信仰都极为真挚。他们真的就是温良而明智的人吗？也许他们仅仅是看上去严肃？那正是我想要知道的。”

11·21

子路问：“闻斯行诸？”子曰：“有父兄在，如之何其闻斯行之？”冉有问：“闻斯行诸？”子曰：“闻斯行之。”公西华曰：“由也问闻斯行诸，子曰，‘有父兄在’；求也问闻斯行诸，子曰，‘闻斯行之’。赤也惑，敢问。”子曰：“求也退，故进之；由也兼人，故退之。”

【辜译】

勇猛的学生仲由问孔子，他能否立刻把学到的真理运用于实践。“不行，”孔子回答，“你应当先去咨询你的父母和长辈的意见。你怎么可以擅自立即实践所学的知识呢！”

有一次，又有一位学生在其他场合问了相同的问题。

“可以，”孔子回答，“立刻实践吧。”

后来，另一位学生谨慎地问孔子，他为什么对于相同的问题却有两个不同的答案。

“那是因为，”孔子回答，“一个人太怯弱了，因此我那样说是为了去鼓励他。然而，另一个人太鲁莽了，因此，我是为了让他收敛才那样说的。”

11·22

子畏于匡，颜渊后。子曰："吾以女为死矣。"曰："子在，回何敢死？"

【辜译】

有一次，孔子和他的学生周游列国时，在某地遇到了暴徒的威胁。他最喜爱的学生颜回，与队伍走散了。后来，当这个学生与他聚合后，孔子说："我担心你已经被杀了。""您还在世。"这个学生回答道，"我怎敢让自己被杀死呢？"

11·23

季子然问："仲由、冉求可谓大臣与？"子曰："吾以子为异之问，曾由与求之问。所谓大臣者：以道事君，不可则止。今由与求也，可谓具臣矣。"曰："然则从之者与？"子曰："弑父与君，亦不从也。"

【辜译】

孔子故国有权势的家族的一个成员季子然，谈到孔子的为那个家族所服务的两个学生，询问孔子，那两个学生能否称得上政治家？"哦！"孔子回答，"我想，你有特别的事情想问我的看法吧。你希望我说出对这两个人的看法：这是你想知道的全部吗？我称为的政治家，是通过自身的责任感为其主人服务的人，然而，一旦发现自己不能继续保持他们的责任感，就会辞职。至于你所谈及的那两个人——他们可以被视为政治官员而不是政治家。"

"但是，"这位贵族继续问，"这两个人会做要求他们执行的任何事情吗？""他们不会去杀父弒君。"孔子回答。

11·24

子路使子羔为费宰。子曰："贼夫人之子。"子路曰："有民人焉，有社稷焉。何必读书，然后为学？"子曰："是故恶夫佞者。"

【辜译】

孔子的性情刚勇的学生仲由，曾经任命了一个非常年轻的人担任一座重要城镇主要的行政官。"你正在摧毁一个好人的孩子呀！"孔子对他说。

"为什么？"这个学生回答，"他需要去处理大量的人，他需要去决定有关国家利益问题。为什么只有接受教育才能读书呢？"

"这，"孔子回答，"正是我憎恶那些总是为自己辩驳的人的原因。"

11·25

子路、曾皙、冉有、公西华侍坐。子曰："以吾一日长乎尔，毋吾以也。居则曰：'不吾知也！'如或知尔，则何以哉？"

子路率尔而对曰："千乘之国，摄乎大国之间，加之以师旅，因之以饥馑，由也为之，比及三年，可使有勇，且知方也。"夫子哂之。

"求！尔何如？"对曰："方六七十，如五六十，求也为之，比及三年，可使足民。如其礼乐，以俟君子。"

"赤！尔何如？"对曰："非曰能之，愿学焉。宗庙之事，如会同，端章甫，愿为小相焉。"

"点！尔何如？"鼓瑟希，铿尔，舍瑟而作。对曰："异乎三子者之撰。"子曰："何伤乎？亦各言其志也。"曰："莫春者，春服既成，冠者五六人，童子六七人，浴乎沂，风乎舞雩，咏而归。"夫子喟然叹曰："吾与点也！"

三子者出，曾皙后。曾皙曰："夫三子者之言何如？"子曰："亦各言其志也已矣。"曰："夫子何哂由也？"曰："为国以礼，其言不让，是故哂之。""唯求则非邦也与？""安见方六七十如五六十而非邦也者？""唯赤则非邦也与？""宗庙会同，非诸侯而何？赤也为之小，孰能为之大？"

【辜译】

有一次，孔子的五位学生坐着一起照料孔子。

孔子对他们说："先生们，我只是比你们年长几岁而已，不必在意。在当下的个人生活中，你们都说自己不被权贵知道和赏识；倘若你们被权贵知道，现在告诉我，你们能做些什么呢？"

"我可以，"性情刚勇的仲由立刻回答，毫不犹豫，"倘若我管理有一流实力的一个国家的事务，但这个国家正在被两个实力强大的国家围攻，陷于战乱，并且被饥荒和贫困折磨——如果我管理三年这个国家的事务，我可以让人民勇敢，并且知道自己的责任。"

听到这些，孔子微微一笑；随后转头问另一位学生冉有："你呢——你怎么说？"

"我可以，"被问到的这个学生回答，"倘若我管理一个国家的政治，比如说，有着三流或四流实力的国家，在这种情形下，在三年后，我能够让国民的生活富裕。至于高级教育，我会留给温良而明智的人。"

孔子随后转头问另一个学生公西华："你呢——你怎么说呢？"

"我不能确定，"这个学生回答："我能否胜任假设的事情，我只会尝试去做。假设国家需要举办社交活动，例如公务接待以及通常的议会等——穿上得体的朝服，我想我能够做好副职的工作。"

"那么你呢？"孔子问四个学生中最后的曾皙，"你怎么说？"

最后被问到的学生，随后把演奏的瑟放在一边，站起来回答："我的想法完全不同于这些朋友的假设。"

"那有什么关系呢？"孔子回答，"大家都只是说出自己的想法而已。""那么，"这位学生回答，"倘若现在是春末，我们把冬天的衣服换成明亮、崭新且轻便的服装。然后我会计划着带上五六个成年的年轻朋友和六七个更年轻的朋友。一起去浪漫的河中沐浴；之后，一起登上古老的露台的顶端，吹风乘凉；最后，我们散着步、唱着歌一起回家。"

"啊！"孔子随后叹息一声说，"我赞同他。"后来，当上面的四个学生中三人离开后，最后说话的这个学生留在最后，问孔子："您怎么看待其他三个朋友的想法？"

"他们，当然，"孔子回答，"只是说了他们每个人的想法而已。"

"但是，"那位学生问，"您为什么对第一个说话者笑呢？"

"哦，"孔子回答，"管理一个国家的事务需要判断力和谨慎谦虚的态度。但是第一个发言人的言语并不谦逊——因此我对他笑了笑。"

"但是第二个说话者呢？"这个学生继续问，"他难道没有谈论治理国家的事务吗？"孔子回答："你觉得一个国家拥有三流或四流的国力就不是一个国家了吗？""那么，"这个学生继续追问，"第三个说话的——难道他所说的就不是一个大国的事务吗？"

　　"有朝廷、公务接待、通常的议会，"孔子回答，"除非在帝国的诸侯国国君的朝廷里可以看到，你还能在哪里找到这样的事情呢？第三个说话者谦虚地说，他可以在这样的集会中做好副职的工作。如果像他一样的人只能做副职的话，那么谁能适合做正职呢？"

颜 渊 第 十 二

12·1

颜渊问仁。子曰："克己复礼为仁。一日克己复礼，天下归仁焉。为仁由己，而由人乎哉？"

颜渊曰："请问其目。"子曰："非礼勿视，非礼勿听，非礼勿言，非礼勿动。"

颜渊曰："回虽不敏，请事斯语矣。"

【辜译】

孔子最喜爱的学生颜回询问，怎样才是一种道德的生活呢？孔子回答："舍弃自我并且遵从正派和理智的理想。"

"如果人们只能够，"孔子继续说，"过一天道德的生活，即舍弃自我并且遵从正派和理智的理想，这个世界将会变得道德。成为道德的人，这完全取决于他自己而不是其他人。"

这位学生接着询问道德生活中需要遵循的实际规则。

孔子回答："任何与正派和理智的理想相违背的事情，都不要去看。任何与正派和理智的理想相违背的话，都不要去听。任何与正派和理智的理想相违背的事情，都不要去传播。最后，无论你做什么，都不要做任何违背正派和理智的理想的事。"

12·2

仲弓问仁。子曰："出门如见大宾，使民如承大祭。己所不欲，勿施于人。在邦无怨，在家无怨。"仲弓曰："雍虽不敏，请事斯语矣。"

【辜译】

孔子的学生仲弓在另一个场合问，怎样才是一种道德的生活。孔子回答："出去到社会上时，总是要表现得像觐见帝王一样；在治理群众时，就像崇拜上天一样。任何你不希望别人对自己做的事，也不要对他们做。在国家的公共生活以及自己的家庭私人生活中，都不要给任何人正当的理由去抱怨你。"

然后这个学生说："虽然我笨拙粗心，但我会尝试把您刚才说的话作为准则。"

12·3

司马牛问仁。子曰："仁者其言也讱。"曰："其言也讱，斯谓之仁已乎？"子曰："为之难，言之得无讱乎？"

【辜译】

另一个学生司马牛问孔子，怎样才是道德品质。

孔子回答："道德高尚的人说话会很谨慎。""成为说话会很谨慎的人：仅仅这样做，"这位学生问，"就会形成一种道德品质吗？"

"为什么？"孔子回答，"当一个人觉得道德的生活特别难，他说话还会谨慎吗？"

12·4

司马牛问君子。子曰："君子不忧不惧。"曰："不忧不惧，斯谓之君子已乎？"子曰："内省不疚，夫何忧何惧？"

【辜译】

同一个学生司马牛询问，怎样才是温良而聪慧的人。

孔子回答："温良而聪慧的人，没有焦虑，没有恐惧。""没有焦虑，没有恐惧：仅仅这样做，"学生问，"就能成为温良而聪慧的人吗？"

"为什么？"孔子回答，"当一个人发现他自己没有自责的理由，那他还会焦虑什么？恐惧什么？"

12·5

司马牛忧曰:"人皆有兄弟,我独亡。"子夏曰:"商闻之矣:死生有命,富贵在天。君子敬而无失,与人恭而有礼。四海之内皆,兄弟也。君子何患乎无兄弟也?"

【辜译】

孔子的学生司马牛总是不快乐,经常抱怨:"所有人都有兄弟,唯独我没有。"听到这个,另一个学生子夏对他说:"我曾听说,生死都是注定的,富贵与荣耀都是上天的。温良而聪慧的人是严肃认真、没有指责的。在他对待别人的时候,言行真挚、有判断力且有理智。这样,他会发现,世界上每个角落的人都是他的兄弟。那么,一个温良而聪慧的人还有什么理由去埋怨自己在家中没有兄弟呢?"

【辜解】

在中国古代文化中,有"一视同仁"或者"四海之内皆兄弟也"的说法,也就是博爱。因为坚信"博爱",法国人德穆兰在临上断头台前仍然诙谐地将自己比作"优秀的长套裤汉"耶稣。而中国的慈禧太后向康格夫人和其他公使夫人们说"中外一家,天下一家"时,也是要告诉她们博爱。不过,康格夫人及其丈夫并不清楚。结果,皇太后的呼吁于事无补,没有起作用,中国的义和团成员才不得不起义,同法国平民在1789年所做的努力一样,他们呼吁全世界把中国人当人看,视中国人为亲如一家的兄弟。

12 · 6

子张问明。子曰："浸润之谮，肤受之愬，不行焉。可谓明也已矣。浸润之谮肤受之愬，不行焉，可谓远也已矣。"

【辜译】

孔子的一个学生子张问，怎样才是明智。孔子回答："一个人能抵抗住别人长期的偏见和恶意的攻击，或者一个人不会因为自己突然遭遇困难而危及别人——这样的人可以被称为明智。事实上，能抵抗住这样的影响或者这种支配的人，确实是真正优秀的人。"

12 · 7

子贡问政。子曰："足食。足兵。民信之矣。"子贡曰："必不得已而去，于斯三者何先？"曰："去兵。"子贡曰："必不得已而去，于斯二者何先？"曰："去食。自古皆有死，民无信不立。"

【辜译】

有位学生子贡询问，一个国家政府必须具备什么？

孔子回答："必须有足够的粮食给百姓，有力的部队，人民必须相信他们的统治者。"

"但是，"学生继续问，"如果被迫丢弃这三件事情中的一件，哪一项可以先去掉呢？""丢弃军队。"孔子回答。

"但是依旧，"学生继续问："假如被迫必须丢弃剩下的两件事情的一件，哪一项可以先去掉呢？"

孔子回答："丢弃口粮，如果人民失去了对统治者的信心，那就是不能治理了。"

12·8

棘子成曰："君子质而已矣，何以文为？"子贡曰："惜乎！夫子之说，君子也。驷不及舌。文犹质也，质犹文也，虎豹之鞟犹犬羊之鞟。"

【辜译】

有一次，诸侯国的一个官员棘子成对孔子的学生子贡说："温良而聪慧的人只是追求本质；他为什么还要为形式而烦恼呢？"

"我很遗憾听到你说这样的话，"孔子的学生回答，"也许你说得对。但是，用这种方式说，人们可能会误解你的意思。事实上，形式产生于本质，但是本质也产生于形式。因为老虎或豹子的皮毛与狗或者羊的皮毛其所包含的本质相同。"

【辜解】

我们研究文学时有一点必须注意，那就是文学作品的形式。英国诗人华兹华斯曾说："文学的形式就是表达方式，事情总是因表达方式而起。"的确，那些冠以孔子名义的文学作品，形式上不一定都能达到完美的程度。它们被公认是权威，是因为它们内容蕴含的价值，而并不是文学形式上有多么优美。宋代文学家苏东坡的父亲苏洵曾说，散文的源头最早可以追溯到孟子的对话体语录。不过，孟子以后，包括散文和诗歌在内的多种不同的文体和风格已经发展起来。宋代的散文与西汉的散文就有不同的地方，就像英国培根的散文与美国爱默生的散文有差别一样；六朝诗歌中的粗犷豪迈和唐代诗歌的雅致也完全是两种格调，就像英国诗人济慈早期稚笨和不成熟的诗歌，与英国诗人丁尼生成熟稳健、色彩强烈的诗歌也是不同的一样。

12·9

哀公问于有若曰："年饥，用不足，如之何？"有若对曰："盍彻乎？"曰："二，吾犹不足，如之何其彻也？"对曰："百姓足，君孰与不足？百姓不足，君孰与足？"

【辜译】

有一次，孔子故国执政的君主鲁哀公问孔子的一位学生有若："今年是萧条的一年，我们的收入无法满足公共开支。应该怎么办呢？"

这位学生回答："为什么不施行十征一的税法呢？""为什么？"君主说，"即使收取三分之二，我们也无法让结果满足；我们只收取十分之一的税收怎么可能够呢？"对此，这位学生回答道："当百姓富足，君主也不会匮乏。但是如果百姓匮乏，君主也就不会富裕了。"

12·10

子张问崇德、辨惑。子曰："主忠信，徙义，崇德也。爱之欲其生，恶之欲其死。既欲其生，又欲其死，是惑也。'诚不以富，亦只以异。'"

【辜译】

孔子的一位学生子张问，在生活中如何激发道德情感并解除困惑。孔子回答："把责任感和真诚作为你的第一准则，按照正确的准则做事。这样就可以激发你的道德情感。"

"你希望活着而厌恶死亡。但当你眷恋生命时，又追求让自己减寿的那些事情；这是人生最大的困惑。'钱财无益于你，拥有他人匮乏的，这才是你的全部追求。'"

12·11

齐景公问政于孔子。孔子对曰："君君，臣臣，父父，子子。"公曰："善哉！信如君不君，臣不臣，父不父，子不子，虽有粟，吾得而食诸？"

【辜译】

某国执政的君主齐景公问孔子，一个国家的治理中什么是最重要的？

孔子回答："让君主像君主，让大臣像大臣，让父亲像父亲，让儿子像儿子。"

"确实如此！"君主问，"如果君主不像君主，大臣不像大臣，父亲不像父亲，儿子不像儿子——在这样颠倒的情况下，即使我拥有极大的收入，我又该如何享受它呢？"

【辜解】

曾国藩在回复刘印渠的信中说：自从王安石因为言利被正人君子所诟病以来，正人君子们全部躲开理财之事的名声，以不谈钱财有无和多少为高尚的事情。实际上，解救国家艰危，坐在那里空谈清贫是绝对做不到的。

叶水心曾对这段话做出过评价，他说："仁人君子不应置理财于不讲。"这是非常恰当的。

不过，我认为，理财当然不可以不讲，但当前中国的理财，其实并不是真的理财，而是在争财。我国讲理财几十年了，只有洋场的买办和劝业会的阔绅真正得到了财富。孔子曾说："君君，臣臣，父父，子子。"我认为，当下中国想要通晓理财的道理，必须加上一句，官官，商商。因为当下的中国，大多数官商勾结，密不可分，这也是天下饿殍遍野的原因。《易传》曰："损上益下，谓之泰；损下益上，谓之否。"只有明白了这句话的意思，才能理解理财的本质。

12·12

子曰："片言可以折狱者，其由也与？"子路无宿诺。

孔子提及性情刚勇的学生仲由，评论道："一个人只用半句话就可解决一场争端——那就是由（仲由的名字）。"

这句话也评价了这个学生从来不会留着自己的诺言过夜。

12 · 13

子曰："听讼，吾犹人也，必也使无讼乎！"

【辜译】

有一次，孔子担任他的故国的法官后，说："当我坐在法庭上，审判提交给我的案件时，我不比其他人做得更好。但我一直努力去做，尽量避免不必要的诉讼。"

12 · 14

子张问政。子曰："居之无倦，行之以忠。"

【辜译】

孔子的一个学生子张问，在国家政治治理中最重要的是什么？孔子回答："你要深思熟虑地去计划，然后尽职尽责地去实行。"

12·15

子曰："博学于文，约之以礼，亦可以弗畔矣夫！"

【辜译】

孔子说："一个人广泛地学习文学和艺术，并在研究时会运用判断力和审美力，不可能误入歧途。"

12·16

子曰："君子成人之美，不成人之恶。小人反是。"

【辜译】

孔子说："温良而聪慧的人鼓励人们去发展本性中的好品质，而不是坏品质。然而，坏人和愚人则完全相反。"

12·17

季康子问政于孔子。孔子对曰："政者，正也。子帅以正，孰敢不正？"

孔子故国的贵族首领季康子，问他关于政府的定义。

"政府意味着秩序，"孔子回答，"如果你，先生，处在秩序中，还有谁敢扰乱秩序呢？"

12·18

季康子患盗，问于孔子。孔子对曰："苟子之不欲，虽赏之不窃。"

上面刚提及的贵族季康子，他因为国家经常发生的盗窃而烦恼，他询问孔子该做些什么。

"假如你，"孔子回答，"给他们展示你不喜欢财富，即使你奖励他们去盗窃，百姓也不会去偷窃的。"

12·19

季康子问政于孔子曰："如杀无道，以就有道，何如？"孔子对曰："子为政，焉用杀？子欲善，而民善矣。君子之德风，小人之德草。草上之风，必偃。"

【辜译】

同一位贵族季康子再次问孔子有关政治的事情："你怎么看待为了好人的利益而把坏人处死？"

"在你的政府中，"孔子回答，"为什么你认为必须依靠死刑呢？你希望诚实，则百姓会变得诚实。统治者的道德力量如同风一样，而民众的力量如同草一样。无论风吹向哪里，草肯定会弯下。"

12·20

子张问："士何如斯可谓之达矣？"子曰："何哉，尔所谓达者？"子张对曰："在邦必闻，在家必闻。"子曰："是闻也，非达也。夫达也者，质直而好义，察言而观色，虑以下人。在邦必达，在家必达。夫闻也者，色取仁而行违，居之不疑。在邦必闻，在家必闻。"

【辜译】

孔子的一个学生子张问："一个受过教育的君子必须怎样做才能成为出类拔萃的人？"

"你说的'出类拔萃'是什么意思呢？"孔子问。

"我的意思是，"学生回答，"无论是公共生活还是私人生活，他都被知晓。"

"这个，"孔子说，"是出名，而不是出类拔萃。"

"一个出类拔萃的人，坚持他自己的正直并且热衷于正义；根据观察别人的行为和倾听别人的言语，从而对人形成正确的评价。自我反思让他在评价自己时变得比其他人谦虚。这样的人，无论是在公共生活还是在私人生活，都会表现得比他人出类拔萃。"

"至于出名的人，总是想看上去有道德，但真实的生活却不是这样。他为这样的表面现象沾沾自喜。这样的人，无论是公共生活还是私人生活，当然会被人熟记。"

12·21

樊迟从游于舞雩之下，曰："敢问崇德、修慝、辨惑。"子曰："善哉问！先事后得，非崇德与？攻其恶，无攻人之恶，非修慝与？一朝之忿，忘其身，以及其亲，非惑与？"

【辜译】

有一次，孔子的学生樊迟陪同孔子去新建的宗教祭台散步。

樊迟趁机问孔子，一个人要怎么做才能提升道德情感，发现内心深处的隐秘弱点和思想的缺陷，消除生活中的困惑？

"这确实是一个非常好的问题。"孔子回答。

"制定一条准则，"他继续说："你可以在没有收获之前，尽力去做任何事情。也许，这就是提升道德情感最好的方式。

"在批判别人的弱点和缺陷前，要先养成批判自己的弱点和缺陷的习惯。也许，这就是发现你的内心深处的隐秘缺点的最好的方法。

"如果早上起来就大发脾气、忘乎所以，用这样的方式漠视自己和父母亲朋的安全——这难道不是生活中最大的困惑吗？"

12·22

樊迟问仁。子曰："爱人。"问知。子曰："知人。"樊迟未达。子曰："举直错诸枉，能使枉者直。"樊迟退，见子夏。曰："乡也吾见于夫子而问知。子曰：'举直错诸枉，能使枉者直'，何谓也？"子夏曰："富哉言乎！舜有天下，选于众，举皋陶，不仁者远矣。汤有天下，选于众，举伊尹，不仁者远矣。"

【辜译】

上面提到的同一个学生樊迟问孔子："'道德生活'的含义是什么？"

"一个道德生活的人，"孔子回答，"在于爱人。"

学生继续问："'理解'的含义是什么？"

"理解，"孔子回答，"在于了解他人。"

然而，好像那个学生还是没有明白这话的意思。孔子就继续说："坚持公正的，而放下所有的不公正，这样，不公正的也会变成公正。"

这个学生离开后，遇到了另一位学生子夏，就对他说："刚才我去见老师，问他什么是'理解'，他回答说：'坚持公正的，而放下所有的不公正，这样，不公正的也会变成公正。'他说的意思是什么？"

子夏回答："这句话的寓意确实非常广泛。当古代的帝王舜治理国家的时候，他从百姓中选拔人才，并提拔了皋陶担任司法大臣；从那时起，所有不道德的人都消失了。当古代的帝王汤治理国家的时候，从百姓中选拔人才，提拔了伊尹担任首要大臣，从那时起，所有不道德的人都消失了。"

【辜解】

宗教真正的内核是道德法则，而其他的包括教义在内不过是宗教的形式。如果说，宗教的内核是道德律法，那么宗教的灵魂和源泉就是爱。这里的爱意义广泛，不单单指男女之爱，还包括父母子女间的亲情，以及对所有生命同情、怜悯、仁慈等善良的情感。

其实，所有真实的人类情感就是孔子所说的"仁"，也就是人性、人性中的爱。你可以赋予爱任何名称，如爱情、亲情、兄弟情等。人们之所以接受并信仰宗教，就是因为人的天性中有对他人的爱和内心的道德法则，所以，孔子才有"仁者爱人"的论调。

12 · 23

子贡问友。子曰："忠告而善道之，不可则止，毋自辱焉。"

【辜译】

孔子的一个学生子贡询问，一个人应该怎样对待朋友？

孔子回答："对待朋友要衷心地劝告他！你将恰当地去引导他；如果你发现做不到，就停下。不要与他争吵，以免自取其辱。"

12·24

曾子曰："君子以文会友，以友辅仁。"

【辜译】

孔子的学生曾参说："聪慧的人，根据他的文学和艺术的鉴赏力去结交朋友，他会依靠朋友的帮助去过一种道德的生活。"

子路第十三

13·1

子路问政。子曰："先之，劳之。"请益。曰："无倦。"

【辜译】

孔子的一个学生子路问孔子，如何才能治理好国家？孔子回答："给百姓做好榜样，向他们展示你的努力。"学生继续问更多的事。孔子回答："做事要坚定不移。"

13·2

仲弓为季氏宰，问政。子曰："先有司，赦小过，举贤才。"曰："焉知贤才而举之？"曰："举尔所知。尔所不知，人其舍诸？"

【辜译】

另一个学生冉雍在孔子故国为一个有权势的贵族服务，他问孔子如何去治理国家政治。

孔子回答："把政府上具体事务交给相关部门的负责人去做。原谅细小的过错，并且提拔有能力和美德的人。"

"但是，"这个学生说，"我如何得知谁有能力和美德呢？"

"提拔那些，"孔子回答，"你已经知道的人。不需要为那些你不知道的人会被忽视而担忧。"

13·3

子路曰："卫君待子为政，子将奚先？"子曰："必也正名乎！"子路曰："有是哉，子之迂也！奚其正？"子曰："野哉由也！君子于其所不知，盖阙如也。名不正，则言不顺；言不顺，则事不成；事不成，则礼乐不兴；礼乐不兴，则刑罚不中；刑罚不中，则民无所措手足。故君子名之必可言也，言之必可行也。君子于其言，无所苟而已矣。"

【辜译】

有一次，当卫国执政的君主与孔子协商到政府任职的事情时，性情刚勇的学生仲由对孔子说："先生，这个君主在等着您去管理国家的政治。那么，您认为首先要做什么事情呢？""假如我必须开始做事的话，"孔子回答，"我应该先开始确定事物的名称。"

"哦！真的，"那个学生说，"但您真的太不切实际了，确定事物的名称有什么用？"

孔子回答："你真的没礼貌。当一个绅士听到他不懂的事情时，总会保留态度等待一个解释。

"假如现在事物的名称不能被恰当地定义，言语就会不符合事实。当言语不符合事实，就不可能完善任何事情。当任何事情都不能完善，艺术和文明的制度就不能够繁荣。当艺术和文明制度无法繁荣，法律及司法的效果就无法达到。如果法律及司法的效果无法达到，百姓就会不知道应该做什么了。

"因此，聪慧而温良的人总会明确地说明任何他命名的东西；他能明确阐述的任何东西，他就能实践。一个聪慧而温良的人总会特别注重用语的准确性。"

【辜解】

从字面上看，孔子是按照当时的文字特征提出"无所苟"这个词的。最近，斯密斯先生在对中国文字的解说中按照现代汉语方式做了解释，即"缺乏准确性"。不管什么时候，这个词都无法让艺术文明得到蓬勃发展。如果使用"缺乏准确性"，可以猜想一下，这也不完全符合中文的使用习惯。

13·4

樊迟请学稼，子曰："吾不如老农。"请学为圃。曰："吾不如老圃。"樊迟出。子曰："小人哉，樊须也！上好礼，则民莫敢不敬；上好义，则民莫敢不服；上好信，则民莫敢不用情。夫如是，则四方之民襁负其子而至矣，焉用稼？"

【辜译】

孔子的学生樊迟请求教他如何耕作。
孔子回答："论种地，我还比不上一位熟练的农民。"

然后樊迟继续请求教他园艺。

孔子回答："论园艺，我比不上一位熟练的园丁。"

当樊迟离开后，孔子说："他是一个如此小肚鸡肠的人啊！"

"当一个国家的统治者，"孔子继续说，"鼓励教育和良好的礼仪，百姓绝对不会不敬重。当统治者鼓励热爱正义，百姓绝对不会不服从；如果统治者鼓励良好的信誉，百姓绝对不会不诚实。在这样的情况下，四面八方的人民都会投奔这个国家。那么，作为一个统治者，为何需要学习农事呢？"

【辜解】

我认为，宋代学者们偏重于实践而不知道把道理讲明白，所以陆九渊当时也有这样的评价。如今的学者们，不但不知道把道理讲明白，而且不知道士人该有什么追求，把振兴国内实业为第一要务，以至于那些博学之人都把精力投在兴办实业上。如果只重实业，还能叫读书人吗？当初，孔子弟子樊迟有学种地的打算，孔子说："种地的话，我不如农民。"樊迟又想学如何种菜，孔子说："园艺的话，我不如园丁。"樊迟离开后，孔子叹道："樊须难成大事啊！"

13·5

子曰："诵《诗》三百，授之以政，不达；使于四方，不能专对。虽多，亦奚以为？"

【辜译】

孔子说："一个人可以背诵三百首诗，但是当把国家事务交给他处理时，却不能做任何事；当他因公务被派往国外时，却哑口无言——尽管这个人拥有大量的学识，可又能有什么用呢？"

13·6

子曰："其身正，不令而行；其身不正，虽令不从。"

【辜译】

孔子说："如果一个人自身的行为合乎秩序，即使他不用费力地发布命令，也会得到效果。但是如果一个人自身的行为不符合秩序，即便他发出命令，但是他的命令也不会被服从。"

13·7

子曰："鲁卫之政，兄弟也。"

【辜译】

孔子提及故国的政府以及同时代的另一个国家的政府的状态时，说："一个和另一个大致相同。"

13·8

子谓卫公子荆，"善居室。始有，曰：'苟合矣。'少有，曰：'苟完矣。'富有，曰：'苟美矣。'"

【辜译】

孔子谈论那个时代的一个他觉得善于居家理财的公众人物卫公子荆时，说："当他的收入有了结余时，他会说：'我只是能够收支平衡而已。'后来，当他积蓄增多时，他说：'我只是能支付我所需要的东西而已。'最后，当他积累了大量的盈余时，他说：'现在我只是努力可以非常好地继续生活了。'"

13·9

子适卫，冉有仆。子曰："庶矣哉！"冉有曰："既庶矣，又何加焉？"曰："富之。"曰："既富矣，又何加焉？"曰："教之。"

【辜译】

有一次，孔子周游列国到了某一个国家时，他的学生冉有驾着车，孔子说："这里好多的人啊！"

"这么多的人，"学生冉有问，"该如何对待呢？"孔子回答："让他们富裕。""然后呢？"学生问。孔子回答："让他们接受教育。"

【辜解】

　　我在朝鲜参观访问时，从他们的学校联想起孔子和他弟子的一段对话。孔子和弟子们周游列国，路过一个人口众多的城镇，一个弟子问道："面对这么大的一个城镇，老师觉得首先应该解决什么问题呢？"因为这次演讲的目的是提高教养，所以肯定有人会觉得孔子的回答是兴办教育，实际上孔子的回答却是先让这里的人富起来。弟子接着问："富起来之后呢？"孔子说，百姓富起来后，才该兴办教育。可见，在孔子看来，在提高百姓的教养之前，应该先让老百姓衣食无忧。古语说："仓廪实而知礼节，衣食足而知荣辱。"说的也是这个意思。

13·10

　　子曰："苟有用我者，期月而已可也，三年有成。"

【辜译】

　　有一次，孔子说："假如现在有人让我去治理一个国家，在一年内，我会让一些事情完善；三年后，我会让每件事情都变得有秩序。"

13·11

　　子曰："善人为邦百年，亦可以胜残去杀矣。诚哉是言也！"

【辜译】

孔子继续说："俗话说，假如诚实而温良的人治理一个国家一百年，他们不可能让暴力再发生，因此而免除死刑。这是非常正确的说法。"

13·12

子曰："如有王者，必世而后仁。"

【辜译】

孔子最后说："假如上天真的派来一个伟人，现在就要成为帝王。那依旧需要花费一代人的时间，百姓才会变得有道德。"

13·13

子曰："苟正其身矣，于从政乎何有？不能正其身，如正人何？"

【辜译】

孔子说："如果一个人真的端正了自己的行为，那么他在治理一个国家时，还能有什么困难呢？如果一个人没有端正自己的行为，那他如何能端正一个国家的百姓的行为呢？"

13·14

冉子退朝。子曰："何晏也？"对曰："有政。"子曰："其事
也。如有政，虽不吾以，吾其与闻之。"

【辜译】

有一次，当在朝做官的学生冉有从宫殿回来时，孔子问他：
"怎么这么晚才回来？""哦！"冉有回答，"我们刚处理完国家事
务。""你的意思是'公事'！因为如果是国家事务，尽管我不在
政府任职了，仍然可会被咨询我的意见。"

13·15

定公问："一言而可以兴邦，有诸？"孔子对曰："言不可以
若是其几也。人之言曰：'为君难，为臣不易。'如知为君之难也，
不几乎一言而兴邦乎？"曰："一言而丧邦，有诸？"孔子对曰：
"言不可以若是其几也。人之言曰：'予无乐乎为君，唯其言而莫
予违也。'如其善而莫之违也，不亦善乎？如不善而莫之违也，不
几乎一言而丧邦乎？"

【辜译】

孔子故国在位的君主鲁定公问孔子，是否能用一句简单的言
语来表达一个国家繁荣的原则？孔子回答："不能指望用一句简单

的言语表达出这么多的意义。然而，民间有句谚语：'成为一个人民的统治者是困难的，成为一个公务人员也是不容易的。'那么，如果一个人知道成为一个统治者是困难的，难道就凭这句话就不可以使一个国家繁荣了吗？"

那个国君又问，是否也可以用一句简单的言语表达摧毁一个国家的根源。

孔子回答："不能指望用一句简单的言语表达出这么多的意义。然而，民间有句俗话：'我发现作为人民的统治者是不快乐的，除非当我下达命令没有人会反对。'那么，如果命令是正确的，良好有益的命令就没有人反对；但是如果命令不正确却没人反对——那这样不就足以摧毁一个国家了吗？"

【辜解】

鲁定公问孔子，有没有总结的一句话就可以让国家毁灭的？孔子说简单的一句话不能表达出这么丰富的内容，不过，民间流传"予无乐乎为君，唯其言而莫予违也"这句话。意思是说，我做国君没什么可高兴的，只有我说的话没有人敢违抗，我才高兴。

这种独断专行会使国家走上灭亡的道路。所以，孔子对那种君王意志高于一切的话一定是不会赞同的。

13·16

叶公问政。子曰："近者说，远者来。"

【辜译】

一个小诸侯国的君主叶公问孔子，一个国家的政府中什么是至关重要的？孔子回答："当一个国家政治良好，国内的人民就会高兴，而且其他国家的人民也会来归附。"

13·17

子夏为莒父宰，问政。子曰："无欲速，无见小利。欲速，则不达，见小利，则大事不成。"

【辜译】

孔子的一位学生子夏被任命为一个重要小镇的行政长官，他问，在政府中什么是至关重要的？孔子回答："不要匆忙地去做事。不要关注细小的利益。如果匆忙地做事，事情不会完成得彻底和完美。如果关注细小的利益，你将难以成就大事。"

13·18

叶公语孔子曰："吾党有直躬者，其父攘羊，而子证之。"孔子曰："吾党之直者异于是。父为子隐，子为父隐，直在其中矣。"

【辜译】

一个小型的诸侯国执政的君主叶公对孔子说："在我的人民中，有些人被发现是特别正直，甚至父亲偷了一只羊，儿子都会准备做证。"

"在我们国家，"孔子说，"正直的人不同于你们。他们认为，真正的正直应该是父亲会对儿子做错的事情保持沉默；儿子会对父亲做错的事情保持沉默。"

13·19

樊迟问仁。子曰："居处恭，执事敬，与人忠。虽之夷狄，不可弃也。"

【辜译】

孔子的一位学生樊迟问孔子，道德的生活中什么是至关重要的？孔子回答："严格地对待自己，认真地做事，真诚地与他人交往。尽管你可能生活在未开化的野蛮人中，这些原则也不能被忽视。"

13·20

子贡问曰："何如斯可谓之士矣？"子曰："行己有耻，使于四方，不辱君命，可谓士矣。"曰："敢问其次。"曰："宗族称孝焉，乡党称弟焉。"曰"敢问其次。"曰："言必信，行必果，硁硁然小人哉！抑亦可以为次矣。"曰："今之从政者何如？"子曰："噫！斗筲之人，何足算也。"

【辜译】

孔子的学生子贡问："一个人需要做些什么，才会被视为绅士呢？"孔子回答："他必然是一个有严格的个人荣誉感的人。当因为受命出使任何一个国家时，他都会不辱使命。这样的一个人会被视为绅士。"

子贡又问仅次于上述绅士标准的类型。孔子回答："一个人被家族成员提出是孝子，而且他的同胞提出他是一个好公民。"

子贡再继续问下一个类型的绅士。孔子回答："一个人特别注意说到做到、言而有信，并且能持之以恒对待已经开始的事情。尽管他是个顽固倔强且微不足道的绅士，这样的人也能被视为下一类的绅士了。"

子贡最后问："但是您对现在为政府服务的绅士们有什么看法呢？""他们啊，"孔子回答，"只是些讲求繁文缛节的官僚主义者，不值得被重视。"

13·21

子曰："不得中行而与之，必也狂狷乎！狂者进取，狷者有所不为也。"

【辜译】

孔子说:"假如我不能找到公正且明理的人交往,必要的话,我会选择热情甚至狂热的人交往。热情的人充满激情,而狂热的人不会超越界限。"

【辜解】

一个人或一个国家,为了反对或者消除一个社会的错误或政治错误,可以采取四种不同的方式:

假如有一个生活在上海的纳税人,他坚决认为上海租界里运行的有轨电车是一种有很大危害的东西,是一种不道德的、导致混乱的设施。他可以在上海街道上抗议,提出让政府停止铺设有轨电车道。当抗议无效后,他可以到马路中央站着,用血肉和自己的拳头与钢铁对抗,如果没有人干预,他可能会被电车轧死,而上海的有轨电车不会停止通行。他还可以采用另一种方法来阻止运行的电车,那就是在上海开办另外一家电车公司,从而搞垮原来那家公司,让有轨电车无法运行和存在。第三种方式是消极抵制,但在消除或改良社会弊端方面也不会有效,因为不是一种真正的道德力量。第四种方法是去搭乘电车,甚至保护电车,他要有自尊、正直等好品质,最后被全上海纳税人敬重。这时,他将有轨电车是一种危险而且伤害风俗的设施向纳税人说明,就会有机会让纳税人集体赞同废除有轨电车。

我认为,这便是孔子所说的制止某种社会罪恶、改革政治和世界的方法。简单来说,就是要通过自尊和正直的品格来获得道德上的支持。

13·22

子曰：“南人有言曰：‘人而无恒，不可以作巫医。’善夫！”“不恒其德，或承之羞。”子曰：“不占而已矣。”

【辜译】

孔子说：“南方的人民有句俗语：‘一个毫无毅力的人不能成为医生或巫师。’如此正确啊！

“此外，《易经》上说：‘一旦获得美德的荣誉，除非坚持不懈，否则将名誉扫地。’”对此，孔子评论道，“最好不要去僭取有美德的声誉。”

13·23

子曰：“君子和而不同，小人同而不和。”

【辜译】

孔子说：“一个明智的人是友善的，而不是过分亲热的。一个愚蠢的人只会过分亲热，而不友善。”

13·24

子贡问曰："乡人皆好之，何如？"子曰："未可也。""乡人皆恶之，何如？"子曰："未可也。不如乡人之善者好之，其不善者恶之。"

【辜译】

学生子贡问孔子："您怎么看待一个人在一个地方受到了所有的居民的欢迎呢？""他不一定是一个好人。"孔子回答。

学生子贡问："那么您如何评价一个人不被所有的居民欢迎呢？"

"他也必然不是，"孔子回答，"一个好人，也不是坏人。真正的好人受到当地好人的欢迎而不受坏人的欢迎。"

13·25

子曰："君子易事而难说也：说之不以道，不说也；及其使人也，器之。小人难事而易说也：说之虽不以道，说也；及其使人也，求备焉。"

【辜译】

孔子说："你能轻松地为一个聪慧而温良的人工作，但难于取悦他。假如你超过了自己的职责范围去取悦他，他不会感到开心，但在他用人时，总会考虑他们的能力。但是愚人不一样，你很容易去取悦他，但是难以为他工作。假如你超过自己的职责范围去取悦他，他会开心。但他在用人时，他希望员工可以做全部的事情。"

13·26

子曰："君子泰而不骄，小人骄而不泰。"

【辜译】

孔子说："一个聪慧的人高贵但不傲慢；一个愚蠢的人傲慢但不高贵。"

13·27

子曰："刚毅、木讷，近仁。"

【辜译】

孔子说："一个人拥有刚强、坚毅、纯朴的性格，就几乎接近真正有道德品质的人了。"

13·28

子路问曰："何如斯可谓之士矣？"子曰："切切、偲偲、怡怡如也，可谓士矣。朋友切切、偲偲，兄弟怡怡。"

【辜译】

孔子的学生子路问："一个人必须做些什么，才会被称为绅士呢？"孔子回答："必须是有同情心、诚恳和深情的人；有同情心、诚恳是对朋友，深情是对家人。"

13·29

子曰："善人教民七年，亦可以即戎矣。"

【辜译】

孔子说："一个善良诚实的人，在教育人民七年后，就可以领着他们参与战争了。"

13·30

子曰："以不教民战，是谓弃之。"

【辜译】

孔子说："让没有接受训练的人民参与战争，这是陷害他们。"

宪问第十四

14·1

宪问耻。子曰："邦有道，谷；邦无道，谷，耻也。"

【辜译】

孔子的一个学生原宪问，什么是耻辱？孔子回答道："当国家的政治有序、司法公正时，仅仅关注利益，就是耻辱了。而如果国家政府动乱、司法不公正时，仅仅关注利益也是耻辱的。"

14·2

"克、伐、怨、欲不行焉，可以为仁矣？"子曰："可以为难矣，仁则吾不知也。"

【辜译】

同一个学生原宪继续询问："一个人不把野心、虚荣、嫉妒及自私作为行动的基调——他能被称为有道德的人吗？""你所提出的，"孔子回答，"也许会被视为难以实现的事情，然而我无法确定这就能成为一个有道德品质的人。"

14·3

子曰："士而怀居，不足以为士矣。"

【辜译】

孔子说："一个绅士只考虑享受生活，那么他不能成为真正的绅士。"

14·4

子曰："邦有道，危言危行；邦无道，危行言孙。"

【辜译】

孔子说："当国家的政治有序、司法公正，人民的表达和行为就勇敢且高尚。然而当国家的政治混乱不堪、司法不公正时，百姓的行动可能勇敢和高傲，但是在表达上应该很含蓄。"

14·5

子曰："有德者必有言，有言者不必有德；仁者必有勇，勇者不必有仁。"

【辜译】

孔子说："一个有道德价值的人，总是会说出值得聆听的话语，但是一个有话要讲的人却不一定有道德价值观。一个有道德品质的人总是勇敢的，但是一个勇敢的人未必有道德品质。"

14·6

南宫适问于孔子曰："羿善射，奡荡舟，俱不得其死然；禹稷躬稼，而有天下。"夫子不答。南宫适出，子曰："君子哉若人！尚德哉若人！"

【辜译】

有一次，孔子的一位学生南宫适当面对孔子说："古代有个特别出名的人（羿），他擅长精准地射箭，另外一个人（奡）则是以力大无穷而出名，这两个人最终都是非自然地死亡。另外在古代也有两个人（禹和稷）作为农夫在田间长期劳动，这两位最后都成为了帝国的统治者。"

当时孔子没有回复任何话语。但是当这位学生离开后，孔子说："他真的是一个聪慧而温良的人！他的言辞里有多么正确的道德价值观啊！"

14·7

子曰："君子而不仁者有矣夫，未有小人而仁者也。"

【辜译】

孔子说："有些聪明人没有道德品质，但是愚蠢的人绝对没有道德品质。"

14·8

子曰："爱之，能勿劳乎？忠焉，能勿诲乎？"

【辜译】

孔子说："哪里有爱慕的心，努力起来就会很容易；哪里有公正无私，指导才不会被忽视。"

14·9

子曰："为命：裨谌草创之，世叔讨论之，行人子羽修饰之，东里子产润色之。"

提及当时一个国家的政府文件的巨大优点时，孔子说："在这些政府文件的准备阶段时，一位大臣首先会拟出草稿；然后，另一位大臣会论述其中的几个要点；之后，再一位大臣会做出必要的改正；最终，又一位大臣修饰语言风格并定稿。"

14 · 10

或问子产。子曰："惠人也。"问子西。曰："彼哉！彼哉！"问管仲。曰："人也。夺伯氏骈邑三百，饭疏食，没齿无怨言。"

【辜译】

有一次，有人询问孔子一位著名的政治家子产（相当于当时的柯尔伯特）的品质特征。孔子回答："他是个慷慨宽厚的人。"

那个人又询问另一位声名狼藉的政治家子西的品质特征。"为什么？那个人！那个人！为什么讨论他呢？"

询问者最后问管仲的品质特征（相当于当时的俾斯麦），孔子回答："作为一个人，他可以从国内一个古老的贵族掌权人那里没收土地，尽管那个持有者不得不在最后过着窘迫的生活，但是他对管仲却毫无怨言。"

14·11

子曰："贫而无怨难，富而无骄易。"

【辜译】

孔子说："穷困却不抱怨，是不容易的；富裕却不高傲，是容易的。"

14·12

子曰："孟公绰为赵魏老则优，不可以为滕薛大夫。"

【辜译】

孔子提及当时的一个公众人物孟公绰时，说："作为一个显赫官员的随从，他是很优秀的，但即便他是在一个小型的诸侯国也不适合做政务顾问。"

14·13

子路问成人。子曰："若臧武仲之知，公绰之不欲，卞庄子之勇，冉求之艺，文之以礼乐，亦可以为成人矣。"曰："今之成人者何必然？见利思义，见危授命，久要不忘平生之言，亦可以为成人矣。"

【辜译】

孔子的一个学生子路问他，完美的人是什么样？孔子提到当时的一些知名人士，说："完美的人应该具备与这个人（臧武仲）相同的智慧，具备与另一个人（孟公绰）相同的无私的心态，具备与再一个人（卞庄子）相同的勇敢，具备与又一个人（冉求）相同的才能。除了这些品质之外，如果他通过学习这个文明世界的艺术和法规培育自己，他就可以被视作一个完美的人了。"

"但是，"孔子继续说，"现在，要成为一个完美的人甚至没有必要全部如此。一个人，当他看到个人利益的时候，能考虑到正义；当面对个人安危的时候，能准备自我牺牲；以及长期处在令人难以忍受的艰难困苦之中，不违背自己的人生的誓言——这样的一个人也可以被视为是完美的人。"

14·14

子问公叔文子于公明贾曰："信乎夫子不言、不笑、不取乎？"公明贾对曰："以告者过也。夫子时然后言，人不厌其言；乐然后笑，人不厌其笑；义然后取，人不厌其取。"子曰："其然，岂其然乎？"

【辜译】

有一次，孔子问学生公明贾有关他的老师公叔文子的情况时，说："听说你的老师很少说话，也很少笑，并且从不接受他人的东西，是真的吗？"

"这么说不对，"这位老师的学生回答，"我的老师该说的时候说，因此不管他说什么，大家都会听；他开心的时候笑，因此他笑的时候，大家绝不会不耐烦；符合道义的时候，他便接受，因此当他接受任何东西时，人们绝不会觉得厌烦。"

孔子跟着说："这样啊！他真的是这样吗？"

14·15

子曰："臧武仲以防求为后于鲁，虽曰不要君，吾不信也。"

【辜译】

孔子谈及故国的一位有权势的贵族臧武仲时，说："当他占据着一座重要的军事小镇时，他传递消息给君主，请君主指派一位继承人来继承他的家产。尽管有人说在那件事情中他没有胁迫君主——他的主人，但我不相信他。"

14·16

子曰："晋文公谲而不正，齐桓公正而不谲。"

【辜译】

提及他那个时代最出名的两位君主晋文公和齐桓公的品质时，孔子说："晋文公（相当于那个时代的弗雷德里克大帝）奸猾狡诈而且没有信誉。齐桓公（相当于德国的威廉一世）的品质中充满信誉并且没有任何狡诈。"

14·17

子路曰："桓公杀公子纠，召忽死之，管仲不死。"曰："未仁乎？"子曰："桓公九合诸侯，不以兵车，管仲之力也。如其仁！如其仁！"

【辜译】

谈起著名的政治家管仲（相当于那时的俾斯麦）时，学生子路说："管仲和另一位官员召忽被任命为君主的两位王子中的大王子公子纠的私人老师。当小王子齐桓公为继承王位而杀害了他的哥哥时，召忽宁愿与他所照顾的学生一起死，但管仲却没有死。这样看来，管仲不是一位有道德品质的人吧？"

孔子回答："正是由于管仲的伟大服务，君主——他的主人才能将帝国的诸侯国国君们召集到国会，防止了那时的一场全面的战争。为什么会说他违反道德品质呢？像他这样的人，为什么会说他违反道德品质呢？"

14·18

子贡曰："管仲非仁者与？桓公杀公子纠，不能死，又相之。"子曰："管仲相桓公，霸诸侯，一匡天下，民到于今受其赐。微管仲，吾其被发左衽矣。岂若匹夫匹妇之为谅也，自经于沟渎而莫之知也。”

【辜译】

另一位学生子贡又说："但是管仲不仅没有陪同他所照顾的学生大王子公子纠死去，他甚至辅佐这个杀害他所照顾的学生的小王子齐桓公。这样看来，他就不是一个有道德品质的人吧？"

孔子回答："管仲作为他的主人——君主的首要大臣，能让他实现帝国统治并赋予国家和平安宁。直至今日，人民依旧还在享受着他的功绩所带来的好处。如果不是管仲，我们现在的生活恐怕会像野蛮人一样。当然，他不像普通人一样，忠贞不渝地对待他的爱人和恋人，为了证明他们的贞操，去一条水沟里溺死，而无人在意他们。"

【辜解】

孔子在谈起春秋早期著名的政治家管仲时说："如果没有管仲，我们恐怕现在还像野蛮人一样生活。"在欧洲也有同样的情形，如果没有英国的比肯斯菲尔德勋爵和德国的俾斯麦首相，欧洲人民现在也都成了野蛮人，生活在无政府状态下了。

14·19

公叔文子之臣大夫僎，与文子同升诸公。子闻之，曰："可以为文矣。"

【辜译】

某个诸侯国有一位贵族公叔文子（在他死后被授予了"文"的荣誉称号），当他在世时被征召到政府任职，他把他的一个随从任命为同僚。孔子对此评论："这样的一个人确实该被授予'文'的荣誉称号。"

14·20

子言卫灵公之无道也，康子曰："夫如是，奚而不丧？"孔子曰："仲叔圉治宾客，祝鮀治宗庙，王孙贾治军旅，夫如是，奚其丧？"

【辜译】

有一次，孔子评论某诸侯国的君主卫灵公可耻的生活时，季康子说："如果他是这种人——他怎么没有丢掉他的王位呢？"

"这是由于，"孔子回答，"他有杰出且有才能的人去管理不同的行政部门的工作。"

14·21

子曰："其言之不怍，则为之也难。"

【辜译】

孔子说："从一个言辞不知耻的人那里，很难期待他在行为上会有所不同。"

14·22

陈成子弑简公。孔子沐浴而朝，告于哀公曰："陈恒弑其君，请讨之。"公曰："告夫三子！"孔子曰："以吾从大夫之后，不敢不告也。君曰'告夫三子'者。"之三子告，不可。孔子曰："以吾从大夫之后，不敢不告也。"

【辜译】

有一次，听说邻国的首要大臣陈成子谋杀了他的君主齐简公——他的主人，孔子就像祭祀时一样沐浴更衣后，到了他自己的君主面前，说："邻国的大臣谋杀了君主——他的主人。我请求立刻采取措施处罚他。"但是君主只回复："去告知我们政府里的几位大臣季孙、孟孙、叔孙吧。"

于是孔子出来了，边走边说："因为我有幸在这个国家的国会里任职，我把这件事情告知给君主让他注意，这是我的职责；但是现在，我的君主他让我去告知其他几位大臣。"因此孔子去见了有权力的几位大臣，给大臣们再说了一遍他跟国君说的事情。但是几位大臣在这件事情上毫无作为。孔子随后说："因为我有幸成为这个国家的国会中的一员，让你们注意这件事情，我就已经履行了自己的责任。"

14·23

子路问事君。子曰：“勿欺也，而犯之。”

【辜译】

孔子的学生子路问，一个人该用怎样的言行对待君主——他的主人？孔子回答：“不能欺骗他，倘若必要的话，要在他的面前反驳他。”

14·24

子曰：“君子上达，小人下达。”

【辜译】

孔子说：“聪慧而温良的人，他的志向是向上看的，愚蠢的人是向下看的。”

14·25

子曰：“古之学者为己，今之学者为人。”

【辜译】

孔子说："古时候的人学习是为了自身利益，现在的人学习是为了让他人铭记。"

【辜解】

清楚大道的人一定懂得真理，想弄明白不懂的地方，这便是君子为何需要学习。所有的事不带有任何目的地去做就会很虔诚，一旦抱有目的地去做就不够诚心了。如果求学不诚心，哪里能得到真正的学问呢？这便是荀子的学说不纯粹的原因所在。

张之洞当年自费资助湖北留学生出国留学，临别时赠言鼓励他们说："你们到西洋以后，一定要努力学习，将来学成归国，为国家效力，戴红顶、做大官，这都是胜券在握的事。你们要加油啊。"这与《荀子·儒效篇》中勉励读书人的话又有何区别呢？

我认为张之洞的思想源自荀子，他们只追求学问的外部表现，没有摆脱功利心的束缚。孔子曾经说："古之学者为己，今之学者为人。"搞清楚了这个道理才可以开始讨论学习的问题。

14·26

蘧伯玉使人于孔子，孔子与之坐而问焉，曰："夫子何为？"对曰："夫子欲寡其过而未能也。"使者出。子曰："使乎！使乎！"

一个诸侯国的官员蘧伯玉是孔子的老朋友，派一个人来问候孔子。孔子让信使和他坐在一起，对他说："你的主人在忙什么？""我的主人，"信使回答，"在试着去减少他的缺点，然而，未能做到。"当信使离开后，孔子感慨道："多好的一个信使啊！多好的一个信使啊！"

14·27

子曰："不在其位，不谋其政。"

【辜译】

孔子说："一个人没有在国家政府任职，绝对不应该为它的政策给出建议。"

14·28

曾子曰："君子思不出其位。"

【辜译】

孔子的学生曾参说："一个聪明人绝对不会思考他的职责范围之外的事情。"

14·29

子曰："君子耻其言而过其行。"

【辜译】

孔子说："一个聪明人耻于过多的言辞，他更愿意做更多的事。"

14·30

子曰："君子道者三，我无能焉：仁者不忧，知者不惑，勇者不惧。"子贡曰："夫子自道也。"

【辜译】

孔子曾经说："一个明智而温良的人，会通过三种方法闻名于世，而我自身却不能表现出来：作为一个有道德的人，他免于忧虑；作为一个有理解力的人，他免于困惑；作为一个勇敢的人，他免于恐惧。"

学生子贡听到孔子的话，然后说："先生，这说的就是您自己啊。"

14·31

子贡方人。子曰："赐也贤乎哉？夫我则不暇。"

【辜译】

孔子的学生子贡喜欢谈论其他人并加以对比。孔子对他说："你必须是能力极高的人才能这样做；像我自己，我就没时间这样做。"

14·32

子曰："不患人之不己知，患其不能也。"

【辜译】

孔子说："不用担忧人们不知道你，而要担忧自己没有能力。"

14·33

子曰："不逆诈，不亿不信，抑亦先觉者，是贤乎！"

【辜译】

孔子说："一个人不担忧他人的欺诈，也不去臆想他人不可靠，却可以准确感知它们的存在，这必定是非常优秀的人。"

14·34

微生亩谓孔子曰："丘何为是栖栖者与？无乃为佞乎？"孔子
曰："非敢为佞也，疾固也。"

【辜译】

那时一个很实际的人微生亩曾经对孔子说："你四处演讲有什
么意义吗？我担心你也只是一个追寻私利却高谈阔论的人。""我
也不希望，"孔子回答，"成为一个高谈阔论的人，但是我讨厌思
想狭隘却固执己见的人。"

14·35

子曰："骥不称其力，称其德也。"

【辜译】

孔子说："一匹好马能被称为好马，不是因为它有一身的力气，
而是因为它的道德品性。"

14·36

或曰："以德报怨，何如？"子曰："何以报德？以直报怨，
以德报德。"

有一次，有人问孔子说："你怎样看待以善意来回报伤害的行为呢？"孔子回答："那么，你又会如何回报善意的行为呢？用正义回报伤害，用善意回报善意。"

14·37

子曰："莫我知也夫！"子贡曰："何为其莫知子也？"子曰："不怨天，不尤人。下学而上达。知我者其天乎！"

【辜译】

孔子有一次说："啊！没有人理解我。"于是，学生子贡问："老师，您之所以说没有人理解你，有什么含义吗？"孔子回答："我没有埋怨上天，也没有抱怨人们。我从卑微的事物中学习道理，但是我的思想能洞悉崇高的事件。啊！或许只有上天能懂我！"

14·38

公伯寮愬子路于季孙。子服景伯以告，曰："夫子固有惑志于公伯寮，吾力犹能肆诸市朝。"子曰："道之将行也与？命也。道之将废也与？命也。公伯寮其如命何！"

【辜译】

有一次，公伯寮在一位朝廷的贵族季孙氏面前造谣、诋毁孔子和他性情勇猛的学生仲由（子路）。子服景伯把这件事情告诉了仲由。随后，仲由跟孔子谈起这件事时，说："我的主人，正在被那个人领入歧路；以我的力量足够去消灭那个人，并让他曝尸街头。"孔子听了说："我在人民中贯彻教育成功与否，这取决于上天的意愿。那个人又能怎样反对上天的意志呢？"

14·39

子曰："贤者辟世，其次辟地，其次辟色，其次辟言。"

【辜译】

孔子有一次说："真正有道德的人现在都从社会中退隐了，有些稍差一级的人会逃避或者离开某些诸侯国了，程度再差一级的人一旦觉得自己倍受冷落就会退隐，而最低水平的人会在被别人告知去这样做的时候也退隐了。"

14·40

子曰："作者七人矣。"

【辜译】

孔子继续说："我知道七个人（伯夷、叔齐、虞仲、夷逸、朱张、柳下惠、少连）在著书立说了。"

【辜解】

我们在这里把"作"译为"著书立说——写书并提出理论"。中国的很多评论家对此都不做出解释，因为不能明白其中所引用的典故。

14·41

子路宿于石门。晨门曰："奚自？"子路曰："自孔氏。"曰："是知其不可而为之者与？"

【辜译】

孔子性情刚勇的学生仲由，有一次不得不在一座城的门口过夜。守门人看到他后问："先生，您从哪里来？""我从孔子家里来。"仲由回答。"噢！"另一个说，"他不就是那个明知道这个时代不可实施，却仍然尝试去做的人吗？"

【辜解】

在孔子生活的时代，真正有价值观的人都从社会隐退了；为了过上平淡的生活，他们会从事卑微的工作，例如这里的看门人。在欧洲，著名的哲学家斯宾诺莎就干过研磨玻璃的工作。

14·42

子击磬于卫，有荷蒉而过孔氏之门者，曰："有心哉！击磬乎！"既而曰："鄙哉！硁硁乎！莫己知也，斯己而已矣。深则厉，浅则揭。"子曰："果哉！末之难矣。"

【辜译】

有一次，孔子弹奏着乐器，有人扛着一只筐子从门口路过。"啊！"听到音乐声，那个人赞叹，"正在弹奏的人啊，他真的非常用心！"不久后，他说："像这样继续弹奏却没有人会注意到你，这是多么的令人鄙视：你应该停止！"

"水深时你必须游过去，水浅时你可以保持衣服干燥地渡过去。"

听到那个人的话，孔子说："能表现出这样的坚定果断，但它并不困难。"

14·43

子张曰："《书》云：'高宗谅阴，三年不言。'何谓也？"子曰："何必高宗，古之人皆然。君薨，百官总己以听于冢宰三年。"

孔子的学生子张问他:"《尚书》里记载着,有一位古代的帝王殷高宗在举办帝国丧事时期,保持沉默了三年,这有什么含义吗?"

孔子回答:"这不是事例中的那位帝王独有的规则,它是古代所有的君主都遵循的原则。在君主去世后的三年,所有的公务官员都要听从首要大臣的安排。"

14·44

子曰:"上好礼,则民易使也。"

【辜译】

孔子说:"当统治者鼓励教育和优良的礼仪时,百姓就会很容易接受政府的统治。"

14·45

子路问君子。子曰:"修己以敬。"曰:"如斯而已乎?"曰:"修己以安人。"曰:"如斯而已乎?"曰:"修己以安百姓。修己以安百姓,尧舜其犹病诸!"

【辜译】

孔子的学生子路问，如何才是明智而温良的人？

孔子回答："明智而温良的人会严肃认真地让自己谈吐得当。""只是这样吗？"那个学生问。"是的，"孔子回答，"他想通过规范谈吐，而让其他人快乐。""只是这样吗？"学生又问。"是的，"孔子回答，"他想通过他规范的谈吐，而让世人快乐，而且采用他的这个标准来判断的话，即便是古代伟大的帝王们也能感受到他们的不足。"

【辜解】

在反对现代欧洲势力的文明输入中，中国文明本身所发挥的力量极其有限。作为一个中国人，我现在才意识到，我不知道这个能让人获得成功的、唯一的、正确的力量，才一事无成。这个力量就是孔子所说的"修己以敬 (order one's conversation aright)"，意思是，集中注意力过一种"笃恭"的生活。

14·46

原壤夷俟。子曰："幼而不孙弟，长而无述焉，老而不死，是为贼！"以杖叩其胫。

【辜译】

孔子熟知的一个无用的人原壤，有一次孔子从他的旁边经过，他蹲着没有站起来。孔子就对他说："在你年轻的时候，你就是个任性的坏人，成年后你也没有任何杰出的成就，现在又败坏你的晚年，如此一人就可以被称作流氓！"说着，孔子举起拐杖，敲打他的小腿。

14·47

阙党童子将命。或问之曰："益者与？"子曰："吾其居于位也，见其与先生并行也。非求益者也，欲速成者也。"

【辜译】

某地的一个年轻人被孔子雇佣来在家做门童，引导来访者。有人对孔子说："我觉得他的学问会有很大地提高。""没有，"孔子回答，"我发现他坐在了他这个年纪的年轻人不该坐的位置，而且和比他年长的人并肩一起走。他不是寻求努力提高自己的学问的人，他只是急于长大的人。"

卫灵公第十五

15·1

卫灵公问陈于孔子。孔子对曰："俎豆之事，则尝闻之矣；军旅之事，未之学也。"明日遂行。在陈绝粮，从者病，莫能兴。子路愠见曰："君子亦有穷乎？"子曰："君子固穷，小人穷斯滥矣。"

【辜译】

在孔子周游列国时，拜访了卫国执政的君主卫灵公，他向孔子请教军事策略。"我略懂关于和平的策略方法，"孔子回答，"但是我从来没有学习过战争的策略方法。"第二天他就离开了这个国家。

孔子继续周游列国，他们抵达另一个国家陈国。他们缺少粮食供给，这一队人马不得不忍受着饥饿，以至于他们不能前行。那个性情刚勇的学生仲由，满脸带着不悦，对孔子说："一个明智而高尚的人——他也会沦落到这样的窘境吗？""是的，"孔子回答，"一个明智而高尚的人有时候也会遭遇窘境；但是一个愚蠢的人在窘境下往往会变得莽撞无礼。"

15 · 2

子曰：“赐也，女以予为多学而识之者与？”对曰：“然，非与？”曰：“非也，予一以贯之。”

【辜译】

有一次，孔子对学生子贡说：“我猜测，你认为我是一个学了很多东西并把它们全都记住的人吧？”“是的，”学生回答，“难道不是吗？”

“不是，”孔子回答，“我只是用基本的原则串联起我全部的学识。”

【辜解】

中国人记忆用的是心灵而不是头脑。心灵记忆能更好地理解意愿，能更好地保留事物的真实。比如，儿童拥有的记忆力是成人的记忆力不能比的。中国人就像儿童一样，用心灵记忆而不是用头脑记忆。

15 · 3

子曰：“由！知德者鲜矣。”

【辜译】

有一次，孔子对学生子路说：“很少有人能真的理解道德价值观。”

15·4

子曰：“无为而治者，其舜也与？夫何为哉，恭己正南面而已矣。”

【辜译】

孔子说：“能成功地实现无政府原则的人，或许只有古代的帝王舜了。对他来说，怎么会需要所谓的政府呢？统治者仅需在个人行为上严肃、真挚，并且礼仪、举止要符合他的地位即可。”

【辜解】

美国人爱默生在谈到他陪同卡莱尔访问英国的巨石阵时说：“我的朋友们问我，是不是一些美国人都具有美式思维？这句话很有挑战性。我说起无政府主义和不抵抗主义。我说：‘的确，我在任何国家都没有遇到有人勇敢地坚持这一原则，然而我心里明白，再也没有比这种勇敢更值得我崇敬的。我很容易看到对庸俗的洋枪崇拜的破灭，尽管一些大人物也是洋枪的崇拜者。当然，因为上帝是永存的，这只枪不需要另一只枪的协助，只需要爱心和公正的法则，便能够实施一场干净的革新。’”

15·5

子张问行。子曰"言忠信，行笃敬，虽蛮貊之邦行矣；言不忠信，行不笃敬，虽州里行乎哉？立，则见其参于前也；在舆，则见其倚于衡也。夫然后行。"子张书诸绅。

【辜译】

孔子的学生子张问，怎么做才能与人们和谐相处呢？孔子回答："说话时需要谨慎、坦率，做事时必须真挚、严肃。这样做，即使在野蛮的国家，你也能与人们融洽地相处。但是假如，你在说话时不能做到谨慎、坦率，做事不能做到真挚、严肃，即便你在自己的国家、自己的家乡，又怎么能与人们融洽地相处呢？做事前你要坚持这些原则，就像你驾着一辆马车时，你要保持你的眼睛注视着马的正前方。用这种方法，你总会与别人融洽地相处。"

这个学生把这几句话刻在了他的腰带上。

15·6

子曰："直哉史鱼！邦有道，如矢；邦无道，如矢。""君子哉蘧伯玉！邦有道，则仕；邦无道，则可卷而怀之。"

【辜译】

提及那时著名的历史学家史鱼时，孔子说："他是如此坦率正直的人啊！当他的国家的政治司法公正、秩序稳定时，他像箭一样正直；当司法不公、秩序混乱时，他仍然像箭一样正直。"

谈及那时另一位公众人物蘧伯玉时，孔子说："他确实是一个明智而温良的人啊！当他的国家的政府司法公正、秩序稳定时，他参加公共事务。但是当司法不公、秩序混乱时，他就卷藏起他自己，过起了完全的私人生活。"

15·7

子曰："可与言而不与之言，失人；不可与言而与言，失言。知者不失人，亦不失言。"

【辜译】

孔子说："当你遇到适合对他说话的人，却没有说话，你就失去了良好的机会。但是当你遇到了不适合对他说话的人，却同他交流，你就是在枉费口舌。有智慧的人绝不会失去良好的机会，也不会枉费口舌。"

15·8

子曰："志士仁人，无求生以害仁，有杀身以成仁。"

【辜译】

孔子说："一个有志向的绅士或者一个有道德品质的人，绝对不会尝试丢弃他的道德品质来挽救生命，他宁愿牺牲生命来挽救他的道德品质。"

15·9

子贡问为仁。子曰："工欲善其事，必先利其器。居是邦也，事其大夫之贤者，友其士之仁者。"

【辜译】

孔子的学生子贡问，怎样才能过上有道德的生活。孔子回答："一个想要完美完成工作的工匠，首先要打磨他的工具。当你在某个国家生活，你就应该服务于这个国家中有道德价值观的贵族及大臣，并与那个国家中有道德价值观的绅士建立友谊。"

15·10

颜渊问为邦。子曰："行夏之时，乘殷之辂，服周之冕，乐则《韶》、舞。放郑声，远佞人。郑声淫，佞人殆。"

【辜译】

孔子的学生颜渊问，您将给一个帝国的政治采取什么样的制度？孔子回答："我会使用夏朝的历法；引用殷朝使用马车的制度；采用当前这个朝代的服饰。在国家的音乐上，我将使用最古老的音乐。我将禁止当前音乐中全部的流行曲调，并且驱逐所有流行的演说者。当前的流行音乐引发人民沉溺声色，而流行的演说者会对于国家造成威胁。"

15·11

子曰："人无远虑，必有近忧。"

【辜译】

孔子说："一个人如果不对未来担忧，在今天结束前，他将后悔莫及。"

15·12

子曰："已矣乎！吾未见好德如好色者也。"

【辜译】

有一次，孔子被人听见他说："啊！我现在还没见到有人像喜欢女人的美貌一样，去热爱道德。"

15 · 13

子曰："臧文仲其窃位者与？知柳下惠之贤，而不与立也。"

【辜译】

谈及那时的一位公众人物臧文仲时，孔子说："他就像偷取了自己的职位一样，尽管他知道他的一个朋友（柳下惠）拥有才华和美德，然而，当他在政府任职的时候，他没有举荐他的朋友的举动，还担心朋友会成为他的同事。"

【辜解】

宋代哲学家陆九渊说："研究学问，有的人追求理解透彻，也有的人因循实践。《大学》'致知格物'；《中庸》'博学审问，慎思明辨'；《孟子》'始条理者，智之事'，这些都是要求研究学问透彻的。《大学》'修身正心'；《中庸》'笃行之'；《孟子》'终条理者，圣之事'，这些都是因循实践的。"

物有本末，事有终始，知其先后，就接近真正的道了。想要修身必先端正内心，想要端正内心必先动机纯洁，想要让自己动机纯洁必先懂道理，懂道理的关键就在于和实践结合。从《大学》来说，应先讲明道理。从《中庸》来说，会导致学习不知怎样下手、疑问没法解答、读书不解其意、辩论难以判明，那又怎么能实践呢？还没有学会分析思辨，就盲目地开始践行，就如同在黑夜中行走，分辨不清方向。从《孟子》来说，事情没有无起因而有结果的，道理都没有讲清楚，就依靠蛮力行动，就像还不懂得射箭的技巧就依靠力量，说自己能射到百步之外，而不管能否射中。所以，能否射到百步之外依靠的是力量，但能否射中，就不是只靠力量就能办到的。

研究事理是否通透，和个人的禀赋有关。而能否践行，就好像伊尹担任宰相、伯夷清贫、柳下惠和善，这些都不是刻意勉强能做到的，自然地做到这一点，便可以被称为圣人了。

15·14

子曰："躬自厚而薄责于人，则远怨矣。"

【辜译】

孔子说："一个人对他自己严格而对其他人宽厚，他绝对不会有任何的仇敌。"

15·15

子曰："不曰'如之何如之何'者，吾末如之何也已矣。"

【辜译】

孔子说："一个不会经常扪心自问'应该正确做什么事情'的人，对这样的人，我无能为力。"

15·16

子曰：“群居终日，言不及义，好行小慧，难矣哉！”

【辜译】

孔子说：“当一群人整天坐在一起，但话题没有转向任何的原则或是真理，而只是用一些小聪明和俗语自娱自乐，这是多么糟糕的事情啊！”

15·17

子曰：“君子义以为质，礼以行之，孙以出之，信以成之。君子哉！”

【辜译】

孔子说：“一个明智而温良的人，把公正作为他的根本，对事情有正确的判断力和良好的感知力，言谈谦逊，做事真挚——这样就是真正的聪慧而温良的人。”

15·18

子曰：“君子病无能焉，不病人之不己知也。”

【辜译】

孔子说："一个明智而高尚的人，会因为能力不足而感到沮丧；他从不会因为没人赏识自己而感到沮丧。"

15·19

子曰："君子疾没世而名不称焉。"

【辜译】

孔子说："一个明智而高尚的人，厌恶没有做出闻名于世的事业就死去。"

15·20

子曰："君子求诸己，小人求诸人。"

【辜译】

孔子说："聪明的人会从自己身上寻找他想要的东西，愚蠢的人却向其他人寻求。"

15 · 21

子曰："君子矜而不争，群而不党。"

【辜译】

孔子说："聪明的人骄傲但不自负，合群但不属于任何派系。"

15 · 22

子曰："君子不以言举人，不以人废言。"

【辜译】

孔子说："聪明的人从不会因为一个人所说的话而支持他，也不会因为说话者的品格而忽略他所讲的话。"

【辜解】

有一个名叫濮兰德的英国人，曾经任上海工部局书记，后来当了一家外国银行驻北京的代表。他写过一本书名为《江湖浪游》的书，内容都是一些琐碎之事，用一些讥讽的话来讥笑我们中国人。

书中有一篇名为《鳞骸为厉》的文章，大意是说：五十年来，他们西洋各国为了与大清通商，耗费不计其数的兵力、粮草。他们的将士在战场上逢战必胜，等到战胜后谈判时，却被中国的谈判使节搞得很糊涂。这难道是因为中国官员的聪明才智胜过欧洲官员吗？或者是因为中国官员的品德要比欧洲官员高尚吗？答案好像是，但又不是。若论才智，中国官员的智力最多就等同于欧洲人的看门家丁；若论品德，中国官员差得更远。与这种无才无德的官员交锋时，欧洲使节为什么会束手束脚、步步退让，直至无可奈何呢？这太奇怪了，濮兰德研究了多年才找到答案。中国官员让西方人恐惧发抖的原因没什么特别的，不过是他们官服上的禽兽图案在作祟。所以他认为，以后西洋各国使节和中国官员交涉时，不让他们佩戴朝珠，不能穿有各种怪兽的朝服，让他们改穿西服，和欧洲绅士一样戴上绅士帽。这样，他们衣服上的怪兽就不能作祟，西方人在谈判交涉中就能获胜。

若按照濮兰德的说法，西方人还真是白痴啊。他说中国华夏衣冠能够让西方人产生畏惧心理，虽然听着像是戏言，但也蕴含着大道理。孔子不是说过"君子正其衣冠，尊其瞻视，俨然人望而畏之"吗？衣冠堂堂，的确能让人心生敬畏。而且按照人之常情，凡是看到奇异的东西，如果不知其奇异的缘由，就会心生猜忌，产生敬畏之感；如果遇到平常的事物，就不会害怕，甚至会有欺辱的心理。所以，现在很多人认为剪辫子、变衣装是挽救国家的要务，但我认为中国存亡在于德行，而不在于一条辫子。辫子剪掉与否，没多大关系！反倒是将来那些外交人员剪了辫子、穿上西装、头戴绅士帽后，外国使节看到后会不会有欺辱的念头呢？

15·23

子贡问曰："有一言而可以终身行之者乎？"子曰："其恕乎！己所不欲，勿施于人。"

孔子的学生子贡询问："有没有一个词能够贯穿人生引导一个人的实践?"孔子回答:"'宽容',也许是这个词。你不希望别人对你做的事情,也不要对他们做。"

【辜解】

我有一个在海关工作的苏格兰朋友,他说他曾有一个中国仆人,是个流氓地痞,撒谎、赌博,做了很多坏事。可当我的朋友在一个偏僻的渡口患了伤寒时,身边没有朋友照顾,却是这个中国仆人无微不至地照顾他,比最亲近的人照顾得都要周到。《圣经》中有一句话:"对他们宽恕多一些,因为他们更多一些爱心。"虽然中国人在习性和性格中有缺点和瑕疵,但中国人有爱心。我觉得,"多一些宽恕"不仅适用于那个中国仆人,对大多数中国人也适用。

15·24

子曰:"吾之于人也,谁毁谁誉? 如有所誉者,其有所试矣。斯民也,三代之所以直道而行也。"

【辜译】

有一次,孔子说:"在我判断人时,我不会轻易地贬低也不会轻易地称赞。当我偶然称赞一个人时,可能言过其实,你可以确信，我是经过深思熟虑才说出我的评价。对于当今的人来说，确实没有什么可以阻碍人们真诚相待，就像纯朴的古人那样真诚相待。"

15·25

子曰："吾犹及史之阙文也，有马者借人乘之。今亡已夫。"

【辜译】

孔子晚年时说："在我年轻时，我还可以找到为一些有遗漏的权威的历史书中提供信息的书籍；有马的人乐意把马借给朋友骑。但现在，这样的时代和习俗已经荡然无存了。"

15·26

子曰："巧言乱德，小不忍则乱大谋。"

【辜译】

孔子说："貌似合理的语言会让人们道德败坏，轻微的不耐烦会毁了伟大的事业。"

15 · 27

子曰："众恶之，必察焉；众好之，必察焉。"

【辜译】

孔子说："当一个人不受欢迎，就必须找出人们为什么厌恶他；当一个人受欢迎，也必须找出人们为什么喜欢他。"

15 · 28

子曰："人能弘道，非道弘人。"

【辜译】

孔子说："人能够将他信仰的宗教或原则发扬光大，而不是信仰的宗教或者原则才使人变得伟大。"

【辜解】

不管你是哪国人，也不管你的身份地位如何，只要对他人仁慈、友爱，就是一个文明的人；若对他人自私、冷酷，就是一个卑劣小人。和宗教教导下的道德法则一样，孔子教导人们所必须遵守的人间铁律是真正的生存法律，用爱默生的话说就是体现"最直率最单纯的心灵"的人的法则。它不是普通人的生存法律，而是爱默生所说的"至简至纯的精神"的生存法律。

事实上，想要知道什么是君子，首先必须了解君子律法。也正是这个原因，孔子说："人能弘道，非道弘人。"通俗的解释就是：你是一个什么样的人，就会遵守什么样的道德；而不是你遵守什么样的道德，就会成为一个什么样的人。

15·29

子曰："过而不改，是谓过矣。"

【辜译】

孔子说："犯了错不改，就真的错了。"

15·30

子曰："吾尝终日不食，终夜不寝，以思，无益，不如学也。"

【辜译】

有一次，孔子说："我曾经因为忙于思考而白天不吃饭，整宿不睡觉，但没有用。我发现还是从书本上获取知识更好。"

15·31

子曰："君子谋道不谋食。耕也，馁在其中矣；学也，禄在其中矣。君子忧道不忧贫。"

【辜译】

孔子说："一个明智而高尚的人致力于追寻真理，而不只是为了生存。有时候耕作却导致饥饿，有时候教育会带来办公生活的报酬。聪明的人应该渴望真理而不应该担忧贫苦。"

15·32

子曰："知及之，仁不能守之；虽得之，必失之。知及之，仁能守之。不庄以莅之，则民不敬。知及之，仁能守之，庄以莅之。动之不以礼，未善也。"

【辜译】

孔子说："有人通过领悟来获得认知，但是如果没有道德品质去掌握它，他也将再次失去它。再者，有人通过领悟获得认知，也运用道德品质掌握了它，但是如果他们不能用严肃的态度去有序地梳理所学的知识，他们也不会得到人民的敬重。最后，有人通过领悟获得知识，也运用道德品质去掌握它，并能亲自有序地梳理它，但是如果他们不能根据规范和正确感知去实践并且使用它，他们也不是完美的。"

15·33

子曰："君子不可小知，而可大受也；小人不可大受，而可小知也。"

【辜译】

孔子说："一个明智而高尚的人，在小的事务上也许不能展现他的品质，但是可以委托给他重大的事情。一个愚蠢的人，可能在小的事情上出名，但是他却不能承担重大的事情。"

15·34

子曰："民之于仁也，甚于水火。水火，吾见蹈而死者矣，未见蹈仁而死者也。"

【辜译】

孔子说："与火和水这样的生活必需品相比，人更需要美德。我见过人掉入火中或是水中而死，却从未看到一个人落入道德中而死。"

15·35

子曰："当仁不让于师。"

【辜译】

孔子说："当一个问题与道德有关，一个人就不需要遵从他的老师。"

15·36

子曰："君子贞而不谅。"

【辜译】

孔子说："一个良善的聪明人是诚实可信的，而不只是固执的。"

15·37

子曰："事君，敬其事而后其食。"

【辜译】

孔子说："在为君主服务时，一个人应该把责任放在首位，其次他才考虑薪酬的问题。"

15·38

子曰："有教无类。"

【辜译】

孔子说："在真正有教养的人之中，没有阶级或者门第的区别。"

【辜解】

对当今中国乃至整个世界来说，所需要的都是"门户开放"，而且不是政治上或经济上的"门户开放"，而是在文化和道德层面上的开放。因为如果没有实现文化上的门户开放，就不能达到真正的心灵开放；如果没有真正的心灵开放，就不可能实现真正的进步。只有做到真正意义上的平等，才能真正地敞开国门，确定有平等意味的开放。孔子提出的"有教无类"，也就是任何人都能接受教育，没有阶级和门第的区别。这也就是"开放"的真正本意了。

所以，对当代西方文化来说，如果其承认、包容其他文化，首先就应该对孔子提出的"有教无类"有认同感才行。

15·39

子曰：“道不同，不相为谋。”

【辜译】

孔子说：“具有完全不同原则的人，绝对不能一起共事。”

15·40

子曰：“辞达而已矣。”

【辜译】

孔子说：“语言能够通俗达意就可以了。”

15·41

师冕见，及阶，子曰：“阶也。”及席，子曰：“席也。”皆坐，子告之曰：“某在斯，某在斯。”师冕出，子张问曰：“与师言之道与？”子曰：“然，固相师之道也。”

【辜译】

　　一位叫冕的盲人乐师来拜访孔子，当他们一起走到屋子的台阶时，孔子对他说："这里有台阶。"当他们一起准备坐到席子上时，孔子又对他说："席子在这里。"最后，当他们坐下，孔子对他说："某人在这里，某人在那里。"

　　后来，当盲人乐师离开后，学生子张对孔子说："这就是对待一位乐师的方式吗？""是的，"孔子回答，"这是招待盲人的正确方式。"

季氏第十六

16·1

季氏将伐颛臾。冉有、季路见于孔子曰："季氏将有事于颛臾。"孔子曰："求！无乃尔是过与？夫颛臾，昔者先王以为东蒙主，且在邦域之中矣，是社稷之臣也。何以伐为？"冉有曰："夫子欲之，吾二臣者皆不欲也。"孔子曰："求！周任有言曰：'陈力就列，不能者止。'危而不持，颠而不扶，则将焉用彼相矣？且尔言过矣，虎兕出于柙，龟玉毁于椟中，是谁之过与？"冉有曰："今夫颛臾，固而近于费。今不取，后世必为子孙忧。"孔子曰："求！君子疾夫舍曰欲之，而必为之辞。丘也闻有国有家者，不患寡而患不均，不患贫而患不安。盖均无贫，和无寡，安无倾。夫如是，故远人不服，则修文德以来之。既来之，则安之。今由与求也，相夫子，远人不服而不能来也；邦分崩离析而不能守也。而谋动干戈于邦内。吾恐季孙之忧，不在颛臾，而在萧墙之内也。"

【辜译】

孔子故国最有权势的贵族的当家人季康子，准备讨伐国内的一个小型诸侯国颛臾，服务于这个贵族的两个孔子的学生冉有和子路来见孔子，并把这个消息告诉了他。孔子转向其中的一个学生说："先生，这不是归因于你们的过错吗？这个诸侯国的执政家族，他的封号起源于远古的帝王。此外，他的国土位于我们自己的版图内，因此，这个统治者是帝国的一个亲王。那么，你们有什么权利向帝国的亲王发起战争呢？"被问话的这个学生回答："是我的主人——我们的主人希望发起这个战争，并非我俩所想，我们只是他的仆人。"

然后孔子回答："一位古代的历史学家说：'能忍受战乱的人加入战争的行列，而那些不能忍受的人则退出。'当一个盲人处于危险时，这个向导不帮他，而当他跌倒时，这个向导也不将他扶起来，这个向导对盲人来说有什么作用呢？此外，你为自己开脱的话语也是错误的。当一只老虎或一只野生动物从它的笼子逃脱了，或者一片龟甲或一颗珍宝在匣子里遭到毁坏——在这件事情中，谁来承担责任并且受到责备？"

"但是现在，"其中一个学生争辩说，"这个诸侯国拥有非常强大的防御，并且很轻易就可以延伸搭配我们最重要的城镇。如果我们现在不设法削弱并且攻占它，在未来它将会成为这个家族后代的担忧和危险的根源。"

"先生，"孔子回答，"一个善良的人会厌恶找借口，他会单纯地说'我想这样'。"

"但是对我来说，我接受的教育让我相信，那些拥有领土和财产的人就不应当担忧他们的财产不足，而是应该担忧那些财产不可以被平均分配；不应该担忧他们的贫困，而是担忧人民不满意。因为平均分配就没有贫困；相互友善就没有欲望；人民心满意足，就不会衰落和消亡。"

"这样，当境外的人民不顺从时，一国的统治者应该改善本国的道德教育，去吸引他们；当境外的人民受到吸引来到这个国家时，统治者应该让他们快乐并感到满足。"

"现在，你们两位阁下，"孔子继续说，"在政治上协助你们的主人时，当境外的人民展现了不顺从的征兆时，你们在吸引他们这件事上毫无作为。目前，这个国家因为派系纠纷、冲突、恐慌及衰败而导致内部分崩离析时，你们在阻止它们上也毫无作为。与此相反，现在你们正引起我们国家爆发内部战争的恐慌。我担心，在未来影响你们贵族主人家族稳定的危险，不是来自现在你们准备攻打的小诸侯国，而是你们主人自己宫廷的内部。"

【辜解】

我认为，人类希望的真正基础是孔子的君子之道。简言之，就是按公正办事。孔子说如果有必要，必须以一种君子风度参战，并像一名君子那样去战，即要为正义而战。君子必须知道，战争的真正目的是解除武装，并不是屠杀和破坏。

16·2

孔子曰："天下有道，则礼乐征伐自天子出；天下无道，则礼乐征伐自诸侯出。自诸侯出，盖十世希不失矣；自大夫出，五世希不失矣；陪臣执国命，三世希不失矣。天下有道，则政不在大夫。天下有道，则庶人不议。"

【辜译】

孔子说:"正常状态下的帝国政府,帝王拥有至高无上的权力包括宗教、教育,以及宣布战争的主动权和决定权。在帝国政府情况异常时期,那些权利就会落入诸侯国的国君手里:在这样的情况下,失去特权前他们很少会超过十代人。如果那些权力落入帝国贵族的手里,它能维持五代就很稀有了。当从属的官员掌握了政治权力,三代内就会失去他们的权力。"

"当一个国家的政治有秩序和正义时,政府至高无上的权力必然不在统治阶层或者贵族阶级的手里。当国家政府有正义和秩序时,普通群众是不会干涉政府的。"

16·3

孔子曰:"禄之去公室,五世矣;政逮于大夫,四世矣,故夫三桓之子孙,微矣。"

【辜译】

孔子谈及故国的政府状态时,说:"现在这个国家的政权已经从王室手中剥夺了五代,贵族统治阶层已经掌握政权四代了。因此,最古老的家族后代也丧失了全部的权力并且默默无闻地生活着。"

16 · 4

孔子曰："益者三友，损者三友。友直，友谅，友多闻，益矣。友便辟，友善柔，友便佞，损矣。"

【辜译】

孔子说："有三种有益的友情，和三种有害的友情。与正直、诚实、拥有渊博学识的人交友：这样的友情是有益的；与花言巧语、阿谀谄媚、油腔滑调的人交友：这样的友情是有害的。"

16 · 5

孔子曰："益者三乐，损者三乐。乐节礼乐，乐道人之善，乐多贤友，益矣。乐骄乐，乐佚游，乐晏乐，损矣。"

【辜译】

孔子说："有三种有益的快乐，和三种有害的快乐。研究和批评文雅艺术的快乐，称赞和讨论人们的优良品质的快乐，拥有很多具备道德和智慧的朋友的快乐：这些是有益的快乐。挥霍无度、奢侈浪费、欢宴作乐的快乐：这些是有害的快乐。"

16·6

孔子曰："侍于君子有三愆：言未及之而言谓之躁，言及之而不言谓之隐，未见颜色而言谓之瞽。"

【辜译】

孔子说："人们在长辈面前很容易犯三种错误。第一，没要求说话却大声地说话，这称为急躁；第二，要求说话却保持沉默，这叫虚伪；第三，说话时不顾及倾听者脸上的表情，这叫失察。"

16·7

孔子曰："君子有三戒：少之时，血气未定，戒之在色；及其壮也，血气方刚，戒之在斗；及其老也，血气既衰，戒之在得。"

【辜译】

孔子说："人生三个阶段必须谨防的三件事情。年轻时，他的身体还没有发育成熟，应该谨防色欲；成年时，他拥有精力饱满的体能，应谨防冲突；晚年时，他的体能衰弱，应谨防贪念。"

16·8

孔子曰："君子有三畏：畏天命，畏大人，畏圣人之言。小人不知天命而不畏也，狎大人，侮圣人之言。"

孔子道："一个明智而高尚的人保持对三件事情的敬畏：敬畏上天的法律、有权利的人、圣人智慧的话语。相反，愚蠢的人不知道上天的法律，因此他从不敬畏它们；他不敬重有权力的人，也藐视圣人智慧的话语。"

【辜解】

孔子说："君子有三畏。"我模仿说："今天的官员们有三待：一是用对待匪徒的方式对待百姓，二是用对待犯人的方式对待学生，三是用对待奴才的方式对待下属。"有人问怎么理解这"三待"，我说："如今各省大城市和交通要道上都设有警察巡逻，这难道不是把百姓当作匪徒来对待吗？现在学校中的学生课业繁重，这苦楚和犯人受的苦是一样的。至于上级对待下属就像对待奴才一样，更不用解释了。"袁枚曾给总督上书说："朝廷在各州县设置官员，是给百姓做父母呢，还是让百姓给总督巡抚们当奴才啊？"

16·9

孔子曰："生而知之者，上也；学而知之者，次也；困而学之，又其次也；困而不学，民斯为下矣。"

【辜译】

孔子说："最高等的人是生来具备天赋智慧的人。次一等的人通过学习和运用获得知识，再有一些人，他们生来天性愚钝，但是他们还可以竭尽全力地奋斗，努力获取知识：这样的人或许被视为再次一等的人。还有一些人生来天性愚笨而且也不愿意突破困难去获取知识：在人民中这样的人是最下等的人了。"

16·10

孔子曰："君子有九思：视思明，听思聪，色思温，貌思恭，言思忠，事思敬，疑思问，忿思难，见得思义。"

【辜译】

孔子说："一个聪明人致力于九个目标：在双眼的使用上，他的目标是看得清晰。在双耳的使用上，他的目标是听得清楚。在面部神情表达上，他的目标是亲切。在行为举止上，他的目标是严肃端庄。在言辞中，他的目标是真诚。在做事时，他的目标是认真。在困惑中，他的目标是寻求学问。愤怒时，他的目标是思虑周全。考虑个人利益时，他的目标是考虑正义。"

16·11

子曰："见善如不及，见不善如探汤。吾见其人矣，吾闻其语矣。隐居以求其志，行义以达其道。吾闻其语矣，未见其人也。"

【辜译】

孔子说："当他们看到良善和真诚的事情时，就努力遵循它，当他们看到恶毒和欺骗的事情时，就像躲避滚烫的开水一样尽力去避开它；这样的人我知道，这种原则表述我也听过。但是，为了研究他们的目标而隐居的人，和为了实现他们的原则而实践正义的人：这样的原则的表述我听过，但是却没有见到这样的人。"

16·12

齐景公有马千驷，死之日，民无德而称焉。伯夷叔齐饿于首阳之下，民到于今称之。其斯之谓与？

【辜译】

谈及最近过世的君主齐景公时，孔子说："他一生中拥有一千匹马车；但是他死亡的那天，人民没对他说一句好话。另一方面，古代的杰出人物伯夷和叔齐饿死在一座孤山脚下，直到今天他们还受到人民的尊重。这就是这首诗的含义：'钱财真的无益于你，拥有他人所需要的，才是你全部的追求。'"

16·13

陈亢问于伯鱼曰："子亦有异闻乎？"对曰："未也。尝独立，鲤趋而过庭。曰：'学诗乎？'对曰：'未也。''不学诗，无以言。'鲤退而学诗。

他日又独立，鲤趋而过庭。曰：'学礼乎？'对曰：'未也。''不学礼，无以立。'鲤退而学礼。闻斯二者。"陈亢退而喜曰："问一得三，闻诗，闻礼，又闻君子之远其子也。"

【辜译】

有一次，朝廷的一位绅士陈亢询问孔子的儿子孔鲤："你从你的父亲那里学到特殊的课程了吗？""没有，我没有学到，"孔子的儿子回答，"只有一次，碰巧我经过大厅，他独自站着，他对我说：'你学诗了吗？'我对此回答：'没有。''那么，'他说，'如果你没有学诗，在交谈中你就不能讨人喜欢。'之后我专注于学习诗。"

"另一次，他一人站着，我碰巧经过大厅时，他独自站着，他对我说：'你学习艺术了吗？'对此，我回答：'没有，我没学习过。''那么，'他说，'如果你不学习艺术，你就会缺少判断力和鉴赏力。'之后，我专注于学习艺术。"

听到这些话，朝廷的绅士陈亢高兴地离去，说："我询问了一件事，但是我得知三件事情。除了我询问的事情，我还知道了学习诗和艺术的重要性，并且一个明智而温良的人即使是对儿子也不会过分亲切。"

16·14

邦君之妻，君称之曰夫人，夫人自称曰小童；邦人称之曰君夫人，称诸异邦曰寡小君；异邦人称之亦曰君夫人。

【辜译】

一个诸侯国执政君主的妻子，被他称为"夫人"，她称呼他为"先生"。她被国家的人民称呼为"尊敬的夫人"，而她的人民对其他国家的人民称她为"我们善良的小王妃"。其他国家的人民对她的人民称她为"夫人，你们的王妃"。

阳货第十七

17·1

　　阳货欲见孔子，孔子不见，归孔子豚。孔子时其亡也，而往拜之，遇诸涂。谓孔子曰："来！予与尔言。"曰："怀其宝而迷其邦，可谓仁乎？"曰："不可。""好从事而亟失时，可谓知乎？"曰："不可。""日月逝矣，岁不我与。"孔子曰："诺。吾将仕矣。"

【辜译】

　　有一次，为孔子故国有权势的贵族服务的一个有影响力的官员阳货，表达了想见孔子的意愿，但是孔子不想见他。随后这个官员给孔子送了一头猪作为礼物。于是孔子在这个官员不在家时去拜访他，表达感谢。然而，在归途中，他遇到了这位官员。

　　"现在见到了，"这位官员对孔子说，"我有几句话想对您说。我现在问您，如果有人隐藏了他珍贵的学识，而任由他的国家误入迷途，他是一个高尚的人吗？""不是，"孔子回答，"他不是。"这位官员又问："如果有人特别想被聘用，但每次都错过了放在他面前被聘用的机会，这是有学识的人吗？""不是，"孔子回答，"他不是。"

"那么,"这位官员说,"您应当知道,岁月消逝,时间不等待我们啊!""是呀,"孔子回答道,"我将出任官职了。"

17·2

子曰:"性相近也,习相远也。"

【辜译】

孔子说:"人在天性上相同,但是实践后就会变得不同了。"

17·3

子曰:"唯上知与下愚不移。"

【辜译】

然后孔子继续说:"只有拥有最高智慧的人和最愚蠢的人,才不会去改变。"

17·4

子之武城,闻弦歌之声。夫子莞尔而笑,曰:"割鸡焉用牛刀?"子游对曰:"昔者偃也闻诸夫子曰:'君子学道则爱人,小人学道则易使也。'"子曰:"二三子!偃之言是也。前言戏之耳。"

有一次，孔子来到他的学生子游担任行政长官的一座小镇上，听到了人们奏乐和唱歌的声音。孔子顽皮地笑了，说："为什么要用杀牛的刀去杀鸡呢？"

"先生，"在镇上担任行政长官的学生子游回答，"我曾经听您说过，一位国家的绅士有很高的文化水平，他们就会体恤人民；而当人民受到教育，人民就会轻易地顺从政府。"

"是的，"孔子转向在场的其他学生，回答道，"他说得对，我刚才的话只是开笑话。"

17·5

公山弗扰以费畔，召，子欲往。子路不说，曰："末之也已，何必公山氏之之也？"子曰："夫召我者而岂徒哉？如有用我者吾其为东周乎？"

【辜译】

有一次，一位占据重要城镇企图叛乱的孔子故国的贵族公山弗扰，邀请孔子去拜访他。孔子想去。对此，性情刚勇的学生仲由很苦恼。他说："您确实不可以去！您为什么想去拜访这样的人呢？"

孔子回答："他不是没有缘由地邀请我去拜访他。如果有人聘请我，我在东部可以建立一个新帝国。"

17 · 6

子张问仁于孔子。孔子曰："能行五者于天下，为仁矣。"请问之。曰："恭、宽、信、敏、惠。恭则不侮，宽则得众，信则人任焉，敏则有功，惠则足以使人。"

【辜译】

孔子的学生子张问，怎样才是有道德的生活？孔子回答："一个能在任何地方完成五件事情的人，就可以成为有道德的人。""哪五件事情？"学生问。"它们是，"孔子回答，"真诚、体谅他人、值得信赖、恪尽职守和慷慨大方。如果你真诚，就永远不会遇到不敬；如果体谅他人，则会赢得民心；如果值得信赖，人民将会相信你；如果恪尽职守，你的事业就会取得成功；如果慷慨大方，你会发现很多愿意为你服务的人。"

17 · 7

佛肸召，子欲往。子路曰："昔者由也闻诸夫子曰：'亲于其身为不善者，君子不入也。'佛肸以中牟畔，子之往也，如之何！"子曰："然。有是言也。不曰坚乎，磨而不磷；不曰白乎，涅而不缁。吾岂匏瓜也哉？焉能系而不食？"

【辜译】

　　有一次，某个诸侯国已经反抗法定权威的贵族佛肸，邀请孔子去拜访他。孔子想去。但是性情刚勇的学生仲由对孔子说："先生，我曾经听您说过，一个明智而高尚的人不会交往那些有恶劣行为的人，即使是他最亲近的人。如今，这个人占据重要城镇并且实际上反抗了权威，您怎么能想去拜访他呢？"

　　"是的，"孔子回答，"我说过这样的话。但是我也说过，假如一个非常坚硬的东西，即便你敲打，它仍然不会裂开；如果一个很白的东西，你可以弄脏它，但它不会变成黑色。毕竟，难道我只是可以被挂起来却不能食用的一只苦瓜吗？"

17·8

　　子曰："由也，女闻六言六蔽矣乎？"对曰："未也。""居！吾语女。好仁不好学，其蔽也愚；好知不好学，其蔽也荡；好信不好学，其蔽也贼；好直不好学，其蔽也绞；好勇不好学，其蔽也乱；好刚不好学，其蔽也狂。"

【辜译】

　　有一次，孔子对学生子路说："你听说过六种美德和它们的不足吗？""没有。"学生回答。"那么坐下来，"孔子说，"我来告诉你。"

　　"第一，只热爱道德，仅仅如此，没有教养，就会堕落为愚昧；第二，只热爱知识，仅仅如此，没有教养，就会趋向于业余；第三，只热爱诚信，仅仅如此，没有教养，就会导致冷血无情；

阳货第十七

263

第四，只热爱正直，仅仅如此，没有教养，就会导致残暴；第五，只热爱勇气，仅仅如此，没有教养，就会导致轻率鲁莽；第六，只热爱力量特征，仅仅这样，没有教养，就会导致行为古怪。"

17·9

子曰："小子！何莫学夫诗？诗，可以兴，可以观，可以群，可以怨。迩之事父，远之事君。多识于鸟兽草木之名。"

【辜译】

有一次，孔子对他的学生们说："我年轻的朋友，为什么你们不研究诗呢？诗可以唤起情感。它可以促进观察。它可以扩大同情心，而且会调节对非正义的憎恨。事实上，诗在教导社会生活的责任感，同时让我们了解到自然界中生物和非生物的物体。"

17·10

子谓伯鱼曰："女为《周南》《召南》矣乎？人而不为《周南》《召南》，其犹正墙面而立也与？"

【辜译】

有一次，孔子对儿子伯鱼说："你应当致力于研究那本有关民谣、诗歌和赞美书籍的前两章。一个没有研究过这两章的人，无论走到哪里都会不适应。"

17·11

子曰："礼云礼云，玉帛云乎哉？乐云乐云，钟鼓云乎哉？"

【辜译】

有人曾经听到孔子说："人们讨论艺术！艺术！你认为那只是指绘画和雕塑吗？人们讨论音乐！音乐！你认为只是指铃铛、鼓等乐器吗？"

17·12

子曰："色厉而内荏，譬诸小人，其犹穿窬之盗也与？"

【辜译】

孔子说："一个神情严厉，内心却怯弱胆小的人——他难道不是一个卑劣的小人吗？而且，难道他不像一个鬼鬼祟祟的小偷或是怯弱的盗窃者吗？"

【辜解】

我的一个同事说："如果政府进行一项测试，看看中国的总督中谁最没良心，那么端方总督必拿头奖。"这端方是一个满洲贵族，但丧失了英雄主义追求和高贵的品格。不过，端方对中国官场风气的败坏还比不上袁世凯，和袁世凯相比，端方还是个好人。毕竟，他的血液里还残留着英雄主义追求和高贵的品格，而袁世凯只有暴发户式的贪婪、狡诈和圆滑。对端方来说，这种英雄主义追求和高贵品质的丧失让他极为痛苦，就和可怕的"失眠症"折磨罗斯伯里一样。像端方这样的人还算不上卑鄙无耻，但他们的任性、固执和自我放纵毁坏了道德品质。他们一旦身居高位，其他无耻的小人就会围在他们身边，就像蚂蚁或者杆菌追逐臭肉一样，这样不仅会危害到他们自身，还会危及到一个国家和民族的道德风气和经济命脉。

孔子说："色厉而内荏，譬诸小人，其犹穿窬之盗也与？"这是孔子对中国的满洲贵族端方、英国的罗斯伯里勋爵这种自认为是帝国主义者的新新人类的最好描绘。

17·13

子曰："乡原，德之贼也。"

【辜译】

孔子说："在一个地方，那些温顺并且受人敬重的伪君子，正是他们毁坏了人们心中全部的道德情感意识。"

17·14

子曰："道听而途说，德之弃也。"

孔子说："在公共街道上传播你偶然听到的陈词滥调，相当于你抛弃了全部美好的情感。"

17·15

子曰："鄙夫可与事君也与哉？其未得之也，患得之；既得之，患失之。苟患失之，无所不至矣。"

【辜译】

提及那时的公众人物，孔子说："怎么会和这些卑鄙的人一起为国家利益服务呢？在得到职位之前，他们只焦虑于如何得到它；在他们得到职位之后，他们焦虑的是以免失去它。在以免失去他们的职位的焦虑中，没有任何事情是他们不会去做的。"

【辜解】

宋代司马光评论说，言官具备三个特点：一是不爱富贵，二是爱惜名节，三是通晓治理国家的道理，三者具备，才能成为一名合格的谏官，然而这是非常困难的。近日江春霖御史因为弹劾权贵而被贬，他便愤然辞官归隐乡里，因此名震朝廷内外，人们都觉得他是真御史。我认为，江春霖御史不畏权贵，这是重视名声气节；毅然辞官归隐，这是不爱慕富贵荣华。但是现在国事衰败，难道只是和以前各朝一样，大奸大恶的人在朝中把持大权、作威作福造成的吗？我认为，朝廷上下都把愚昧无耻当作进退有度，把模棱两可当作合乎时世，不学无术却自欺欺人，用拉帮结派来表现自己聪明，这些患得患失的小人所为都会造成国破家亡啊。

17·16

子曰："古者民有三疾，今也或是之亡也。古之狂也肆，今之狂也荡；古之矜也廉，今之矜也忿戾；古之愚也直，今之愚也诈而已矣。"

【辜译】

孔子说："古代，在人们性格里的三种缺陷，现在也许已经无法找到了。在古代，热血、冲动的人钟情于独立自强，但现在热血、冲动的人却表现出疯狂、放肆。在古代，有傲气的人表现出谦逊、矜持，但现在有傲气的人却表现出敏感、粗鲁的坏脾气。在古代，纯真的人是淳朴、坦率的，而现在的纯真里却藏着狡猾。"

【辜解】

孔子说："古者民有三疾，今也或是之亡也……古之矜也廉，今之矜也忿戾。"这是某一类英国人的写照，英国首相索尔兹伯里勋爵就是这类人中最突出的代表人物。因为英国贵族在历史上就是征服者，所以他们向来都很傲慢，甚至到了非常专横的地步。爱默生曾说："在英格兰，人们都认为，一个人是否拥有显赫的名声，完全取决于他家族的地位和个人拥有的财富。这是最让我无法忍受的事情。而一个人即使有再大的学问，取得再大的成就，上层社会都不会接受，这样就迫使他通过卖弄让自己成为社交界的耀眼人物。"就像孔子所说，英国人的缺陷愈加可怕了。

17·17

子曰："巧言令色，鲜矣仁。"

【辜译】

孔子说："花言巧语、面目伪善的人，很少具备道德品质。"

17·18

子曰："恶紫之夺朱也，恶郑声之乱雅乐也，恶利口之覆邦家者。"

【辜译】

孔子说："我厌恶用猩红色模糊了人们对朱红色的认识。我厌恶现代流行艺术易于破坏美好音乐的鉴赏力。最后，我厌恶人们用机敏的演讲却易于破坏王国、毁坏家庭。"

17 · 19

子曰："予欲无言。"子贡曰："子如不言，则小子何述焉？"
子曰："天何言哉？四时行焉，百物生焉，天何言哉？"

【辜译】

有人曾经听见孔子说："我宁愿不说话。"

"先生，但是假如您不说话，"学生子贡问，"我们作为您的学生如何从您那里学习，再去教授其他人呢？"

"看看天空，"孔子回答，"它说话了吗？然而，四季依旧按照预定的顺序运转，自然的万物依然根据它们的时间生长。看看天空，它说话了吗？"

17 · 20

孺悲欲见孔子，孔子辞以疾。将命者出户，取瑟而歌。使之闻之。

【辜译】

有一个叫孺悲的人，想让孔子去拜访他，可是孔子不想拜访他，就称他生病了。当送信的用人走到门口时，孔子就弹着乐器并高声歌唱，为了让来访的人听到他没有真的生病。

17·21

宰我问："三年之丧，期已久矣。君子三年不为礼，礼必坏；三年不为乐，乐必崩。旧谷既没，新谷既升，钻燧改火，期可已矣。"子曰："食夫稻，衣夫锦，于女安乎？"曰："安。""女安则为之！夫君子之居丧，食旨不甘，闻乐不乐，居处不安，故不为也。今女安，则为之！"宰我出，子曰："予之不仁也！子生三年，然后免于父母之怀。夫三年之丧，天下之通丧也。予也有三年之爱于其父母乎？"

【辜译】

孔子的学生宰我问孔子，关于为父母守孝三年的时间，认为守孝一年就足够长了。

"因为，"他说，"假如一位绅士在三年中忽略了艺术和生活的习俗，就会遗失相关的知识；如果他荒废了三年的音乐，他将全部忘记。再者，就算是根据自然界普遍的规律，一年中会割掉了老旧的谷物，有地方能长出新的谷物；一年中会烧遍四季长出的各种各样的木柴。因此，我认为，一年结束后，悲哀可能会减轻。"

孔子回答："哀悼一年后，如果你去吃美食和穿华服，你会觉得安逸吗？"

"我会，"学生回答。"那么，"孔子说，"如果你觉得安逸，那就去做。但是一个高尚的人会在三年守孝时期，吃美食时不会愉悦，听音乐时也不会感到快乐，不会因为住得舒适而感到安逸。因此，他不会做这些事。然而，既然你觉得安逸，你当然能够去做这些事。"

然后，等到那个学生离开后，孔子说："他是多么没有道德情感的人啊！一个孩子在出生三年后才会离开他的父母的怀抱。如今，全国都遵循为父母守孝三年。但那个人——我想他是在孩提时期没有得到父母的爱吗？"

17 · 22

子曰："饱食终日，无所用心，难矣哉！不有博奕者乎，为之犹贤乎已。"

【辜译】

孔子说："如果一个人整天只是简单地吃饱饭，但没有运用他的思想在任何事情上，这真是可怕的事情啊！不是有那些类似于赌博、竞技游戏的事情吗？即使做这样的事情，也比无所事事要好一些。"

17 · 23

子路曰："君子尚勇乎？"子曰："君子义以为上。君子有勇而无义为乱，小人有勇而无义为盗。"

【辜译】

孔子性情刚勇的学生仲由问："对一个绅士来说，难道勇气不是一种重要的品质吗？"

"一个绅士，"孔子回答，"最重要的是推崇正义的事情。一个有勇气的绅士，假如没有对知识和正直的热爱，就有可能会犯罪。一个有勇气的百姓，假如缺少对知识和正直的热爱，就有可能会变成强盗。"

17·24

子贡曰："君子亦有恶乎？"子曰："有恶：恶称人之恶者，恶居下流而讪上者，恶勇而无礼者，恶果敢而窒者。"曰："赐也亦有恶乎？""恶徼以为知者，恶不孙以为勇者，恶讦以为直者。"

【辜译】

孔子的学生子贡问："一个君子也会有所憎恶吗？"

"是的，"孔子回答，"他也有憎恶的事情。他憎恶那些热衷于四处讲述其他人恶劣品行的人。他憎恶那些自己过着低俗、声名狼藉的生活，却极力地贬低那些为过高尚的生活而努力的人。他憎恶那些刚勇却缺乏判断力和礼仪的人。他憎恶那些积极且勇敢，但心胸狭隘、自私的人。"

"你呢？"孔子继续对这个学生说，"你憎恶的是什么呢？"

"是的，"那个学生回答，"我讨厌那些挑剔却自认为聪明的人。我讨厌那些飞扬跋扈却自认为勇敢的人。我讨厌那些揭发他人隐私却自认为正直的人。"

17·25

子曰："唯女子与小人为难养也，近之则不孙，远之则怨。"

【辜译】

孔子说："在这个世界上所有的人中，在家中最难相处的是年轻的女人和用人。如果你与他们亲近，他们就会忘记自己的位置。但如果你与他们保持距离，他们就会感到不满。"

17·26

子曰："年四十而见恶焉，其终也已。"

【辜译】

孔子说："如果一个人四十岁之后还是被大家厌恶，那么他会这样一直持续到死亡的那天。"

微子第十八

18·1

微子去之，箕子为之奴，比干谏而死。孔子曰："殷有三仁焉。"

【辜译】

在殷朝（孔子生活的前一个朝代）落幕的时候，有三位王室的成员：微子离开了国家；箕子成为了朝廷的小丑；比干告知了帝王真话，被处死了。

上述事件，孔子说："殷朝在最后的日子里，出现了三位有道德品质的人。"

18·2

柳下惠为士师，三黜。人曰："子未可以去乎？"曰："直道而事人，焉往而不三黜？枉道而事人，何必去父母之邦？"

【辜译】

孔子谈论那时的一位著名的杰出人物柳下惠："作为司法大臣，他被撤销了三次职务。随后有人对他说：'对你来说，这难道不是你离开这个国家的时候了吗？'但他回答：'假如我真诚地履行了我的职责，到哪儿去为人民服务我才不会被以同样的方式撤销职位呢？假如我想要牺牲我的职业责任感，也就没有必要离开我的祖国而出去谋职了。'"

18·3

齐景公待孔子，曰："若季氏则吾不能，以季、孟之间待之。"曰："吾老矣，不能用也。"孔子行。

【辜译】

有一次，某个诸侯国执政的君主齐景公想聘请孔子，但是他说："我不能让他做国家的大臣，但是我会让他做私人顾问。"

随后，这个君主说："我现在老了。我不能使用他的提议了。"

当孔子听到这个君主的话，他就立刻离开了这个国家。

18·4

齐人归女乐，季桓子受之。三日不朝，孔子行。

孔子故国的政府中，有权势的首要大臣季桓子，在孔子晋升为国家的大臣（司法大臣）后，有一次接收到其他国家送来的一队女艺人，他就终日沉迷于她们，以至于三天都没有在朝廷与部长开会了。于是孔子辞去了官职，离开了他自己的国家。

18·5

楚狂接舆歌而过孔子曰："凤兮！凤兮！何德之衰？往者不可谏，来者犹可追。已而，已而！今之从政者殆而！"孔子下，欲与之言。趋而辟之，不得与之言。

【辜译】

有一次，孔子周游列国时，遇到一个楚国的狂人接舆高声歌唱：
"凤凰啊！凤凰啊，
你原本的荣耀在哪里呢？
过去的——如今已无法更改，
需要考虑未来的时间了。
放弃吧，我放弃对你徒劳地追求，
对于那些达官贵人们啊，
可怕的危险随之而来。"
孔子听后领悟了，想和他说话；但这个奇怪的人匆忙离开，孔子没有和他搭话的机会。

18 · 6

长沮，桀溺耦而耕，孔子过之，使子路问津焉。长沮曰："夫执舆者为谁？"子路曰："为孔丘。"曰："是鲁孔丘与？"曰："是也。"曰："是知津矣。"问于桀溺，桀溺曰："子为谁？"曰："为仲由。"曰："是孔丘之徒与？"对曰："然。"曰："滔滔者天下皆是也，而谁以易之？且而与其从辟人之士也，岂若从辟世之士哉？"耰而不辍。子路行以告。夫子怃然曰："鸟兽不可与同群，吾非斯人之徒与而谁与？天下有道，丘不与易也。"

【辜译】

另一次，孔子在周游列国时看到长沮和桀溺两人在田间耕作，他派性情刚勇的学生仲由去询问河的渡口在哪里。

仲由走到这两个人的身旁，其中长沮问他："那个在车里手持缰绳的人是谁？"仲由回答："是孔子。""是鲁国的孔子吗？"长沮问。仲由回答："是的。""那么，"长沮回复，"他应该知道渡口在哪里。"

然后仲由问另一个人桀溺，那个人问仲由："先生，您是谁啊？""我是仲由。"孔子的学生回答。"你是不是孔子的学生呀？"桀溺问。"是的。"仲由回答。然后这个人说："如今世界上所有的人都在毫无希望地漂泊：有谁能做一些事情改变它呢？尽管如此，最好还是跟随那些放弃这个世界的人，也不要追随从一个君主又窜到另一个君主身边的人。"说了这些话，桀溺回到田里继续劳作了，不再停下来回答仲由的疑问。

仲由回来，向孔子汇报了那人说的话。孔子沉重地叹息，说：
"我不能与野外的野兽和空中的鸟儿一起生活。如果我不能与人生
活、交流，谁会与我一起生活呢？此外，如果这个世界有稳定的
秩序，那么就不需要人去做改变它的任何事情了。"

18·7

子路从而后，遇丈人，以杖荷蓧。子路问曰："子见夫子乎？"
丈人曰："四体不勤，五谷不分，孰为夫子？"植其杖而芸。子路
拱而立。止子路宿，杀鸡为黍而食之，见其二子焉。明日，子路
行以告。子曰："隐者也。"使子路反见之。

至则行矣。子路曰："不仕无义。长幼之节，不可废也；君臣
之义，如之何其废之？欲洁其身，而乱大伦。君子之仕也，行其
义也。道之不行，已知之矣。"

【辜译】

在孔子周游列国时，有一次，那位性情刚勇的学生仲由走散
了。仲由偶遇了一个老人在用一根手杖挑装着杂草的竹篮。仲
由问他："您见过我的老师吗？"老人看着他，粗暴地回答："你
的身体从来都不劳动，也说不出来五种谷物的区别：你的老师是
谁？"说着，老人把手杖插在地上，开始给地面除草。不过，仲
由将双手交叉放在胸前，恭敬地等着。

后来，那位老人将仲由领回他的家里，并且让他在家里留宿
了一夜，杀了一只鸡、做了小米糕给他吃。老人还向仲由介绍了
他的两个儿子。

第二天，仲由继续赶路，与孔子会合后，把这件事告诉了孔子。"他是一位隐士。"孔子说，随后让仲由再回去看望他。但是当仲由回到那个地方时，老人已经不见了。

仲由再次返回，孔子说："拒绝参与社会服务是不正确的。在家庭内部，忽视维系成员关系的责任是错误的，那么，忽视君主与国家的责任怎么会正确呢？一个人从社会上隐居只是为了表现自己个人动机的纯洁性，他就切断了社会基本的根源。另一方面，一个明智而高尚的人参与社会服务，他就会尽力去实现他所认为正义的事情。他也会清楚地意识到正义的原则无法取得进展。"

【辜解】

当下中国存在的弊病不是读书的人多，而是缺少真正的读书人。政府的人都认为解救危机的策略是多开办学堂，普及教育，但不明白国家普及教育后如何安排那么多四体不勤、五谷不分的人，难道让这些人都成为公卿大夫吗？而且若对所有人进行教育，但没有人真正下功夫追求学问，那将来教育出来的都是机械，而没有一个真正有学问的人。这是极为恐怖的。

18·8

逸民：伯夷、叔齐、虞仲、夷逸、朱张、柳下惠、少连。子曰："不降其志，不辱其身，伯夷、叔齐与！"

谓："柳下惠、少连，降志辱身矣，言中伦，行中虑，其斯而已矣。"谓："虞仲、夷逸，隐居放言，身中清，废中权。我则异于是，无可无不可。"

提及古代六位从这个社会隐居的著名的杰出人物，孔子对其中两位伯夷和叔齐的评价是，他们隐居的原因是他们不想放弃最高的目标，并且，用这样的方式，他们也不会遭受侮辱。最后从社会隐居的其他两位柳下惠和少连，孔子的评价是，他们放弃了最高的目标，同时他们个人也遭受了侮辱，但是他们的言辞合乎情理，他们所做的事情每件都值得称赞。最后六位杰出人物中的两位虞仲和夷逸，孔子的评价是，他们严格地过着隐居的生活，完全断绝了与社会的交流，但是他们一生纯洁，并且他们运用了正确的判断力，使他们能完全地与世隔绝。

"至于我自己，"孔子最后说，"我的做法和上面提到的那些人不一样，我没有提前设定行为方式，也不会提前反对设定行为的方式。"

18·9

大师挚适齐，亚饭干适楚，三饭缭适蔡，四饭缺适秦。鼓方叔入于河，播鼗武入于汉，少师阳、击磬襄入于海。

【辜译】

这一段仅仅是提出了一些那时出名的音乐家和伟大的画家的名字，他们败落在了一个艺术的衰退及艺术缺乏支持的时代，不得不零零散散地从一个诸侯国流浪到另一个诸侯国。据说，有人漂洋过海，也许到了日本！

18·10

周公谓鲁公曰："君子不施其亲，不使大臣怨乎不以。故旧无大故，则不弃也。无求备于一人。"

【辜译】

孔子故国的统治家族最初创始人，也就是我们所熟知的周公，在他给子孙后代的忠告里，说："一个统治者绝对不可以疏忽他的近亲。他绝对不能让重要的大臣抱怨他们的建议没有被采纳。没有一些重大的缘由，他不应该抛弃旧的亲友。他绝对不能期望有人能无所不能。"

18·11

周有八士：伯达、伯适、仲突、仲忽、叔夜、叔夏、季随、季骡。

【辜译】

这一段仅仅提及了那时的八位著名的绅士。

子张第十九

19 · 1

子张曰："士见危致命，见得思义，祭思敬，丧思哀，其可已矣。"

【辜译】

孔子的学生子张说："作为一位绅士，在危险面前，应该准备好牺牲他的生命；在个人利益面前，他应该想到正义；在祈祷时，他应该庄严、虔诚；在哀悼时，他应该由衷地表现哀伤。以上大约是一个绅士的全部责任。"

19 · 2

子张曰："执德不弘，信道不笃，焉能为有？焉能为亡？"

【辜译】

相同的学生子张说："如果一个人只是紧紧地抓着信仰，没有开阔他的思想；如果一个人相信真理，但没有坚持地高举他的原则——这样的人最好还是远离这些事情。"

19·3

子夏之门人问交于子张。子张曰："子夏云何？"对曰："子夏曰：'可者与之，其不可者拒之。'"子张曰："异乎吾所闻：君子尊贤而容众，嘉善而矜不能。我之大贤与，于人何所不容？我之不贤与，人将拒我，如之何其拒人也？"

【辜译】

有一次，孔子的学生子夏的学生们问孔子的同一位学生子张，有关友谊的问题。他反问那些学生："你们的老师怎么回答这个问题？""我们的老师，"学生们回答："说：'你发现那些好人，就与他交往；你发现那些不好的人，你就拒绝往来。'"

"那……"被询问的孔子的学生回答，"不同于我所学到的。一个明智而温良的人尊敬高尚的人，并且宽容所有的人。他知道如何去举荐各个方面优秀的人，也能谅解那些愚昧无知的人。现在，如果我们自己确实高尚，我们应该宽容所有的人；但是如果我们自己不高尚，人们就与我们断绝往来。我们怎么能去和他们断绝往来呢？"

19 · 4

子夏曰：“虽小道，必有可观者焉；致远恐泥，是以君子不为也。”

【辜译】

孔子的学生子夏说：“即使是在艺术或技能上，任何细小但不重要的一项，都会存在值得思考的价值。但是假如对它太过关注，它就易于堕落成为一种嗜好；因此，一个聪明的人从不会让自己只专注于它。”

19 · 5

子夏曰：“日知其所亡，月无忘其所能，可谓好学也已矣。”

【辜译】

孔子相同的学生子夏说：“一个人每天都明确地知道他还没有学到什么，每个月都不会遗忘学到的东西，必定会成为一位有教养的人。”

19·6

子夏曰：“博学而笃志，切问而近思，仁在其中矣。”

【辜译】

相同的学生子夏说：“假如你广泛地学习并且坚定你的目标，细心地复习你所学到的东西并且将它应用到你自身的个人行为中，用这样的方式，你自然能过上道德的生活。”

19·7

子夏曰：“百工居肆以成其事，君子学以致其道。”

【辜译】

相同的学生子夏说：“正如工人在他们的工厂中学到他们的技艺，所以，一个学者致力于研究则是为了获得智慧。”

19·8

子夏曰：“小人之过也必文。”

相同的学生子夏说："当愚蠢的人做错了事情,他总是事先准备好借口。"

19·9

子夏曰:"君子有三变:望之俨然,即之也温,听其言也厉。"

相同的学生子夏说："一个明智而高尚的人从三个角度看都会不同:当你从远处观察他,他表现得严厉;当你接近他,他是和蔼亲切的;当你听他讲话,他是严肃庄重的。"

19·10

子夏曰:"君子信而后劳其民,未信则以为厉己也;信而后谏,未信则以为谤己也。"

相同的学生子夏说："作为一个统治者,一个聪明的人会在人民努力工作前,首先获取他们的信任——否则,人民会视其为压迫。作为一个公务人员，一个聪明的人会在冒险指出他所服务的人的错误前，首先获得他的信任，否则他的领导只会认为他说的话是在故意找碴儿。"

19·11

子夏曰："大德不逾闲，小德出入可也。"

【辜译】

相同的学生子夏说："在道德原则的主要观点的范围上，一个人能够严格维持在界限之内；在小的观点上，他可以被允许使用他的判断。"

19·12

子游曰："子夏之门人小子，当洒扫、应对、进退，则可矣。抑末也，本之则无。如之何？"子夏闻之曰："噫！言游过矣！君子之道，孰先传焉？孰后倦焉？譬诸草木，区以别矣。君子之道，焉可诬也？有始有卒者，其惟圣人乎！"

【辜译】

孔子的一位学生子游在谈论另一位学生子夏的学生们时，说："在规矩礼仪和行为举止这些事情上，那些年轻的绅士已经做得很好了，但这只是次要的事情，对于教育的本质来说，他们还离得很远。"

当子夏听到学生受到这样的批评时，他对子游说："你错了。教育人的时候，一个明智而高尚的人应当考虑首要而应该教授的事情是什么；他应该思考其次要且可以暂时忽略的事情是什么？就像植物一样，一个人对他的学生，根据学生的能力分门别类。一个明智而高尚的人，不应该在教育时欺骗学生。因为只有圣人可以立刻从头至尾地抓住原理。"

19·13

子夏曰："仕而优则学，学而优则仕。"

【辜译】

孔子的学生子夏说："一位官员拥有超过履行自己工作的特殊才能，他应该专注于学习。一位学生拥有超过自己学业的特殊才能，他应该进入公共服务。"

19·14

子游曰："丧致乎哀而止。"

【辜译】

孔子的学生子游说："在服丧的时候，发自内心的悲痛是唯一不可缺少的。"

19 · 15

子游曰："吾友张也，为难能也。然而未仁。"

【辜译】

相同的那个学生子游在谈论另一位学生子张时，说："我的朋友能做别人都不能做的任何事情，但他的道德品质不是十分完美。"

19 · 16

曾子曰："堂堂乎张也，难与并为仁矣。"

【辜译】

孔子的另一位学生曾参在谈论上面所提到的同一个学生子张时，说："这个人是如此奢华啊！和这样的人在一起确实很难过有道德的生活！"

19 · 17

曾子曰："吾闻诸夫子：人未有自致者也，必也亲丧乎！"

相同的学生曾参说："我曾经听见老师说：'人不经常了解自己的本性，直到他们不得不为他们父母的死而哀痛。'"

19·18

曾子曰："吾闻诸夫子：孟庄子之孝也，其他可能也；其不改父之臣，与父之政，是难能也。'"

【辜译】

相同的那个学生曾参说："我曾经听见老师在谈及一位贵族孟庄子行孝时说：'他的父亲死时，他做的事，其他人也可以做。但是他在养活父亲的老仆人和执行他的父亲的方针上，人们会发现很难办到。'"

19·19

孟氏使阳肤为士师，问于曾子。曾子曰："上失其道，民散久矣。如得其情，则哀矜而勿喜。"

【辜译】

有一次，孔子故国的首要大臣孟孙氏，任命一位官员为首席的刑事法官，这位官员来询问孔子的学生曾参的意见。然后这个学生对官员说："统治者长期没有履行他们的责任，人民长期在没有秩序的状态下生活。假如你发现充足的证据去证明一个人有罪，要怜惜并且宽恕他，不要为你的发现而愉悦。"

19·20

子贡曰："纣之不善，不如是之甚也。是以君子恶居下流，天下之恶皆归焉。"

【辜译】

孔子的学生子贡，讨论古时候的一位臭名昭著的帝王和暴君时，说："毕竟，他的邪恶不是像记载中的那么坏。因此，一个聪明的人将不会保持在一种低贱、声名狼藉的生活中而无视人们可能会说什么。否则，人民将会赠予他这个世界上所有的邪恶称号。"

19·21

子贡曰："君子之过也，如日月之食焉：过也，人皆见之；更也，人皆仰之。"

【辜译】

相同的学生子贡说："伟人的错误就像日食和月食。当他犯错时，全部的人都能看到。但是，当他重新从错误中走出的时候，全部的人又会像之前一样尊敬他。"

19·22

卫公孙朝问于子贡曰:"仲尼焉学?"子贡曰:"文武之道,未坠于地,在人。贤者识其大者,不贤者识其小者。莫不有文武之道焉。夫子焉不学?而亦何常师之有?"

【辜译】

某个国家的一位政府官员公孙朝问孔子的学生子贡:"孔子从哪里学习到他所教授的那些原理?"

学生子贡回答道:"古人坚信的那些教义和道德的原则全部都没有消失,即便在现在的人当中,这个体系中这些伟大的原理也能被那些明智而高尚的人所理解。并且,那些不聪明甚至不高尚的人,也理解次要的原理。至于我们的老师,他不必学习;即使他必须学习,为什么一定要有专门的老师呢?"

19·23

叔孙武叔语大夫于朝,曰:"子贡贤于仲尼。"子服景伯以告子贡。子贡曰;"譬之宫墙,赐之墙也及肩,窥见室家之好。夫子之墙数仞,不得其门而入,不见宗庙之美,百官之富。得其门者或寡矣。夫子之云,不亦宜乎!"

【辜译】

　　孔子故国朝廷的一位官员叔孙武叔很敬仰孔子的学生子贡，他在另一位朝廷的官员子服景佰面前说："在我看来，孔子的这个学生比孔子本人还优秀。"

　　后来，有人把这位官员的话告诉了上面提及的这个学生，子贡说："让我们用两座建筑物来打个比方吧。我所建的屋子的墙壁只到肩膀；一个人只需要看一眼，他就可以看到这个公寓中所有珍贵的东西；但是老师搭建屋子的墙壁已经高达数百英尺了。如果一个人没有找到进去的门，他就永远不会看到这个神圣殿堂里的珍宝的艺术品和在里面人的荣耀。然而，也许只有少数的人能找到门。因此，我不会惊讶于那个官员所说的话。"

19·24

　　叔孙武叔毁仲尼。子贡曰；"无以为也，仲尼不可毁也。他人之贤者，丘陵也，犹可逾也；仲尼，日月也，无得而逾焉。人虽欲自绝，其何伤于日月乎？多见其不知量也！"

【辜译】

　　有一次，同一个朝廷官员叔孙武叔，被人听到他贬低孔子的品格。同一个学生子贡，听到后说："他这样做没用。孔子从来不会被诋毁。其他人的道德和智慧的天赋相比于孔子，就像您能够翻越的一座小山和土堆。但孔子就像太阳和月亮，从未有人能超越他们。你或许拼命地这样去做，但是日月依旧保持在那里。那样去努力，你只是表现了你不知道自己可以做些什么的能力。"

19·25

陈子禽谓子贡曰："子为恭也，仲尼岂贤于子乎？"子贡曰："君子一言以为知，一言以为不知，言不可不慎也。夫子之不可及也，犹天之不可阶而升也。夫子之得邦家者，所谓立之斯立，道之斯行，绥之斯来，动之斯和。其生也荣，其死也哀，如之何其可及也。"

【辜译】

还有一次，另一个人陈亢对孔子的同一位学生子贡说："但是你太真诚和尽责了，孔子怎么能胜过你呢？"

"由于一句话，"子贡回答，"一个有教养的人被大家认为有很高的领悟能力，并且因为一句话，被人们认为他是愚蠢的人。因此，您确实应该慎重说话。现在，孔子不能被超越，就像没有人可以爬到天空上一样。如果我们的老师孔子在帝王或国君家出生，那么，他将会实现神圣的古代帝王所讲述的事情了：'他的规定会成为法律；他的命令被立即执行；不管他向何处召唤，人民都会跟随；只要他的影响力能到达的地方，就会和平；他活着，就会受到全世界的尊敬；他死后，全世界都会悲痛。'怎么会有人能超越孔子，我们的老师呢！"

尧曰第二十

20·1

尧曰："咨！尔舜！天之历数在尔躬，允执其中。四海困穷，天禄永终。"舜亦以命禹。曰："予小子履，敢用玄牡，敢昭告于皇皇后帝：有罪不敢赦。帝臣不蔽，简在帝心。朕躬有罪，无以万方；万方有罪，罪在朕躬。"周有大赉，善人是富。"虽有周亲，不如仁人。百姓有过，在予一人。"谨权量，审法度，修废官，四方之政行焉。兴灭国，继绝世，举逸民，天下之民归心焉。所重：民、食、丧、祭。宽则得众，信则民任焉，敏则有功，公则说。

【辜译】

那位古代的帝王尧，在晚年时把帝位让给了继承人舜，并且这样给他指令："我向您致敬，噢，舜！现在，就依靠你本人来接授上天的指令了。请全心全意地坚持那真正的正义的折中方针。如果帝国的人民遭遇危险，上天将会永久地撤销当初赋予你的头衔和荣誉。"后来，帝王舜让位给他的继承人大禹时，使用了相同的语言传达指令。

那位帝王汤在登上帝位时，他这样向上天祷告："我，履，您的孩子之一，在这里把这头黑色的公牛作为祭品，并向您宣誓，噢，地位与权利都至高无上的上天，我不敢饶恕那些罪人；在选择您的仆人时，我向您祷告，哦，上天，让我知道您的意志和愿望。假如我冒犯了您，不要让人民因为我的过失而遭受痛苦。但是如果人民得罪了您，就让我独自忍受对他们的惩罚吧！"

在创立周王朝时，国家繁荣昌盛，但是只有高尚的人是富有的。帝王们用下面的这几句话总结的原则来指导他们自己："尽管有人依赖并亲近于我们个人，然而我们不会将他们与有道德品质的人相提并论。如果人民的行为中有所失误，那就让我们独自遭受谴责。"

在重量与长度的计量单位上，帝王们致力于调整并强制执行统一；致力于组织行政和制定法律；致力于重建废弃的公共机构；这样，整个帝国的管理就可以顺畅。他们恢复了熄灭的贵族传承；召回有美德和学识的隐居的人为官：这样，整个帝国的人民都高兴地承认政府权威。他们特别关注的是人民的粮食、为死者举办的典礼和哀悼，以及宗教礼仪。凭借体谅关怀，他们获得民心；凭借良好的信誉，让人民信任他们；凭借做事勤奋，他们所从事的事业取得了成功；凭借他们处事的公平和公正，人民感到满意。

【辜解】

西方政治经济学的目的是如何赚钱，而东方政治经济学的目的是教人如何消费，东西方政治经济学最大的区别就在于此。或许有人认为，成为一个大富翁是一件对道德极为不利的事情。我却不这么认为。正如孔子所言"周有大赉，善人是富"。成为富翁绝不是一件坏事，关键是搞明白如何支配财富。如果不明白这个道理，拥有财富就可能变成一种罪恶。若一个富翁懂得如何正确支配手中的财富，那么他就不会利用这些财富去做罪恶的事，而是让财富服务于高尚的事业。如果能有这种正确的观念，有钱就不可能成为一件坏事。

20·2

子张问孔子曰："何如斯可以从政矣？"子曰："尊五美，屏四恶，斯可以从政矣。"子张曰："何谓五美？"子曰："君子惠而不费，劳而不怨，欲而不贪，泰而不骄，威而不猛。"子张曰："何谓惠而不费？"子曰："因民之所利而利之，斯不亦惠而不费乎？择可劳而劳之，又谁怨？欲仁而得仁，又焉贪？君子无众寡，无大小，无敢慢，斯不亦泰而不骄乎？君子正其衣冠，尊其瞻视，俨然人望而畏之，斯不亦威而不猛乎？"子张曰："何谓四恶？"子曰："不教而杀谓之虐；不戒视成谓之暴；慢令致期谓之贼；犹之与人也，出纳之吝，谓之有司。"

【辜译】

孔子的学生子张问他："应该做哪些事情去管理国家的政治呢？"

孔子回答道："在管理政治时，要记住并且遵守五种好的原则，还必须避免四种不好的原则。"

"哪五种必须遵守的好的原则？"学生问。

孔子回答："第一，让百姓受益但不浪费国家的财力；第二，鼓励劳动但不能引起抱怨；第三，追求享受生活但不贪婪；第四，高贵但不目中无人；第五，令人敬畏但不苛刻严厉。"

"但是，"这位学生又问，"您说的'让百姓受益但不浪费国家的财力'是什么意思？"

"它就是，"孔子回答，"鼓励人民从事他们能最大受益的有利工作，而且不需要从政府的收入中为他们提供援助，这就是'让百姓受益但不浪费国家的财力'的意思。"

然后，孔子接着说："雇佣人民为公共利益的工作付出艰苦的劳动时，如果选择那些能够承担劳动的人，谁还会有埋怨的理由呢？把你的目标制定为希望得到安宁的道德生活，你永远不会轻易变得贪婪。一个明智而高尚的人，无论交往的是个别人还是很多人，也无论是重大的还是细小的事情，绝对不会专横跋扈，绝对不会将事情认为理所应当，或者不值得严肃对待或是慎重处理：这就是高贵但不目中无人的意思。最后，令人敬畏但不苛责严厉。一个明智而高尚的人必须关注日常生活的每分钟的细节，而不仅仅是行为举止，即使是衣着方面次要的细节，也会对公众的思想产生影响。假如没有这些因素，则只会产生畏惧的影响。"

"我现在理解了，"学生说，"但是您说的四种不好的原则指的是什么呢？"

"第一，"孔子回答，"是残忍，它是指，过度地惩罚因为忽略教育导致的无知而造成的犯罪活动。第二，暴政，由于没有提前明确公告而导致人民违法并且受到处罚。第三，冷酷无情，指命令暂时搁置并不确定，就突然采取惩罚来强制实行。最后，卑鄙吝啬，像交易货物一样精密、吝啬地对待你的下属：这被称为像官僚的行为而不是绅士的行为。"

20·3

孔子曰："不知命，无以为君子也。不知礼，无以立也。不知言，无以知人也。"

【辜译】

孔子说："离开了宗教，一个人就无法成为明智而高尚的人；没有艺术和艺术原理的学识，一个人就无法形成他的判断力；没有使用语言的学问，一个人就无法评判和了解人的品质。"

【辜解】

孔子说："不知命，无以为君子也。"这里的"天命"指宇宙中万物遵守的终极神圣法则。孔子生活的时代，百姓几乎不理解这些对宇宙法则的思考和知识，也无法遵守由此衍生的道德秩序，只有像孔子这样伟大的哲学家才能理解。这种宇宙法则可以被称为君子律法，西方称之为道德律法。孔子曾说："君子的大道，既艰难而又隐秘。"但他又说，就算百姓的智力再低下也能明白这些道理，并根据天性自觉遵守君子律法。歌德对孔子的说法也表示赞同，认为君子律法是一种"公开的秘密"。

从孔子时代开始，中国人民在儒学文化中找到了宗教替代品，所以，不存在灵魂和理性的冲突。这是孔子为中国人做的最伟大的贡献，因为孔子为中国人创造了国家信仰。研究孔子以及孔子为中国人民所作的贡献，就要了解中国人的精神。中国人的精神，指的不是一种科学，也不是哲学或者神学，或者某某主义，甚至不是一种心理活动，一种大脑和心灵活跃的运转。中国人的精神是一种心态，一种能让人宁静祥和的心态。